Michele Guglielmino

Mondo Futuro Cristiano-Mikeliano

Un mondo con 12 Stati:
lo stesso numero delle Tribù d'Israele

Pubblicato da Michele Guglielmino tramite Lulu, Morrisville (USA) – Novembre 2022 – Edizione 1.0 – Licenza Creative Commons "Attribuzione – Non Commerciale – Non opere derivate" 3.0 – Alcuni diritti riservati – ISBN: 978-1-4709-9654-3

A mia madre Maria

Altissimu, onnipotente, bon Signore,
tue so' le laude, la gloria e l'honore
et onne benedictione.
Ad te solo, Altissimo, se konfano,
et nullu homo ène dignu te mentovare
San Francesco, Il Cantico delle Creature

Solo dopo che l'ultimo albero sarà stato abbattuto.
Solo dopo che l'ultimo fiume sarà stato avvelenato.
Solo dopo che l'ultimo pesce sarà stato catturato.
Soltanto allora scoprirai che il denaro non si mangia.
Profezia degli indiani Cree

Sii il cambiamento che vuoi vedere nel mondo.
M. Gandhi

Io credo alla vita pacifica, io credo al perdono.
Anti-citazione di P. Bertoli, Certi momenti

Il mondo, la vita, la morte, il presente, il futuro:
tutto è vostro!
Ma voi siete di Cristo e Cristo è di Dio.
(1 Cor 3, 22-23)

Indice generale

Premessa.   9

1. Generalità.   11
2. Approfondimento sui 12 Soggetti.   11
3. Approfondimento sui 120 Catepi.   14
4. Le istituzioni globali.   21
5. Le istituzioni dei 12 soggetti e dei 120 Catepi.   22
6. Le lingue.   22
7. Le religioni, le filosofie e le culture.   22
8. La famiglia e la vita umana.   23
9. I lavori, il Creato e la salute del corpo e dell'anima.   23
10. I trasporti e la comunicazione. L'espansione nell'Universo.   23
11. Gli sport con la palla e gli sport di squadra.   24
12. Gli altri sport.   25
13. Patroni del Mondo Futuro Cristiano-Mikeliano. La vicinanza con l'enciclica "Caritas in veritate"
di Benedetto XVI.   25
14. Altro: 1) Definizione della Tradizione Giudaico-Cristiana, 2) Organizzazione della Chiesa
Cattolica e Pratiche devozionali.   26

Appendice   29

Ringraziamenti   125
Bibliografia   127
Sitografia   128

Premessa

*A volte il sogno si deve lasciar
provocare e contaminare dalla
realtà, se la vuole cambiare.*
(Michele Guglielmino)

Stavo completando questo testo, pezzo dopo pezzo, quando stasera, 22 ottobre 2022, al Tg di SkyTG24 ho visto l'ex leader comunista cinese Hu Jintao venir accompagnato fuori dalla sala del Congresso "per il suo bene", "forse per un malore" si è detto dopo.

Non penso che Hu Jintao sia un animella, né ho particolari motivi di risentimento personale verso Xi Jinping che a me non ha fatto niente.

Però quest'episodio mi ha fatto capire che 12 Soggetti nel mondo (assieme a 120 Catepi) sono troppo pochi perché i 12 Soggetti (in teoria in rapporto di dialogo dinamico e anche conflittuale con i 120 Catepi sottostanti) un giorno potrebbero diventare altrettanti Stati; e degli Stati dittatoriali. E sarebbero forse troppo grandi perché qualcuno possa immischiarsi nei loro affari interni.

Quindi i 6 Stati grandi che esistono (Canada, Amerikia, Brasile, Russia, Cina ed Australia) ce li teniamo, magari articolandoli in Catepi da 2 milioni di kmq che avranno una limitata autonomia (forse un po' maggiore nei primi 3 e nell'ultimo che sono democrazie), ma per il resto ci affidiamo a Catepi da 2 milioni di kmq.

Quindi abbandono del tutto il sogno di un' "Europia unita, seppur semi-federalmente" per lasciare spazio a 3 Europe (Ovest Europa, Nord Europa ed Est Europa), più la Groenlandia che da Stato indipendente non so se avrà più rapporti con il Nord America o con le 3 Europe.

Quest'utopia sarà **Gea Futura Cristiano-Mariana** che uscirà in un altro saggio, che verrà pubblicato in contemporanea con questo o poco dopo. Al momento in cui scrivo queste righe di premessa, ancora non lo so.

Ricordo che quest'Utopia (al pari di tutte le altre: questo è il mio 10° libro utopico), cioè **Mondo Futuro Cristiano-Mikeliano** è:
1) Cristiana (e Mariana);
2) Creatalista (Ambientalista, Pro-Famiglia e Pro vita);
3) Federal-Pacifista;
4) Paritarista fra i Popoli e i 2 sessi (quindi anti-razzista e anti-sessista).

Buona lettura,
Michele.

P.S. Gea Futura Cristiano-Mariana è già stata pubblicata e questo diventa il mio 11° saggio geoutopistico. Questa è la 3ª geoutopia per importanza dopo Gea Futura Cristiano-Mariana (che è la mia preferita) e Mondo Futuro Mariano versione Idealista.

1. Generalità.

Il Mondo Futuro Cristiano-Mikeliano è uno dei miei 20 progetti geoutopici inerenti l'intero pianeta Terra (cui vanno aggiunti gli 8 progetti geoutopici europiani).

Esso prende il nome da Gesù Cristo, Re dell'Universo e da San Michele Arcangelo, Principe degli Angeli. È quindi un progetto utopico cristiano e cattolico, ma religiosamente tollerante, nel senso che vedremo.

Questto progetto prevede 12 Soggetti (Federali, Quasi-Federali e Semi-Federali) di grandezza simile (11 dei 12 Stati hanno una superficie che varia da 8,8 a poco più di 12 milioni di kmq, mentre la Russia ha una grandezza di poco più di 17 milioni di kmq) e 120 Catepi di circa 1 milione di kmq (come valore euristico o regolatorio di fondo, ad eccezione dei Catepi Russi che hanno una grandezza media di 1,5 milioni di kmq circa).

Ricordo che le terre emerse del pianeta Terra assommano a 135 milioni di kmq, per cui 120 Catepi è un valore non perfetto, ma adeguato.

I 120 Catepi e i 12 Stati (come in tutte le mie utopie) sono formati tenendo presenti le suddivisioni territoriali esistenti (e difatti come tutte le mie utopie anche questa si basa su calcoli fatti col foglio di calcolo e riportati in Appendice).

I Soggetti Federali sono Stati Federali. Attualmente sono 3: Canada, Brasile e Russia.

I Soggetti Quasi Federali sono Semi-Federazioni con un nucleo Federale, cioè Stati Federali con alcuni Catepi semi-indipendenti in periferia con cui condividono la moneta, ma non l'esercito.

Attualmente sono 3:

1) Amerikia: 11 Catepi: 8 fanno Parte del nucleo Federale, mentre 3 Semi-indipendenti (Nord Messico, Sud Messico e Centramerica);

2) Estremo Oriente: 11 Catepi: 9 fanno parte del nucleo Federale, mentre 2 Semi-indipendenti (Mongolia e Nippocorea);

3) Oceania: 10 Catepi: 6 fanno parte del nucleo federale, mentre 4 Semi-indipendenti (Nuova Zelanda, Oceania, Indonesia, Insulindia).

I Soggetti Semi-Federali: ibridi tra Stati e confederazioni che hanno in comune la moneta, ma non l'esercito. Attualmente sono 6: 1) Arcope; 2) Europia; 3) Arabia; 4) Centro Africa; 5) Sud Africa; 6) Centro-Sud Asia.

Detto questo, va anche detto che il Centro-Sud Asia potrebbe essere considerato come una quarta Quasi-Federazione dal nucleo federale molto piccolo (composto dai soli 3 Catepi indiani)

2. Approfondimento sui 12 Soggetti.

Il pianeta Terra si articola in 12 Stati:
I. Canada (Ottawa); **Lingue**: Inglese, Francese;
Sede della **Borsa**: Toronto; **Moneta**: Dollaro Canadese.
Centro Religioso **Cattolico**: Québec, Città.
Meraviglia architettonica: Château Frontenac (Québec, città).
Sistema di **Posizionamento** Satellitare proprio e Globale: –
Catepi: 10
Motto: A mari usque ad mare. (= Da Mare a Mare)
Inno: O Canada.

II. Amerikia (Washington); **Lingue**: Inglese, Spagnolo;

Sede della **Borsa**: New York; **Moneta**: Dollaro Amerikiano.
Centro Religioso **Cattolico**: Washington.
Meraviglia architettonica: Chichén Itzá (Yucatan)
Sistema di Posizionamento Satellitare proprio e Globale: Gps.
Catepi: 11 (8+3).
Motto: In God We Trust (In Dio noi Confidiamo)
Inno: The Star-Spangled Banner

III. Arcope (Lima); **Lingue**: Spagnolo;
Sede della **Borsa**: Buenos Aires; **Moneta**: Peso Arcopano;
Centro Religioso **Cattolico**: Bogotà.
Meraviglia Architettonica: Macchu Picchu (Urubamba).
Sistema di **Posizionamento** Satellitare proprio e Globale: Nome da definire.
Catepi: 8.
Motto: Soy del Sur ("Sono del Sud").
Inno:

IV. Brasile (Brasilia); **Lingue:** Portoghese;
Sede della **Borsa**: San Paolo; **Moneta**: Real Brasiliano.
Centro Religioso **Cattolico**: Brasilia.
Meraviglia Architettonica: Cristo Redentore (Rio de Janeiro, Corcovado).
Sistema di **Posizionamento** Satellitare proprio e Globale: Nome da definire.
Catepi: 8.
Motto: Ordem e Progresso ("Ordine e Progresso").
Inno: Hino Nacional Brasileiro

V. Europia (Bruxelles); **Lingue**: Womeze;
Sede della **Borsa**: Amsterdam; **Moneta**: Euro.
Centro Religioso **Cattolico**: **Roma**.
Meraviglia Architettonica: Colosseo (Roma).
Sistema di **Posizionamento** Satellitare proprio e Globale: Galileo.
Catepi: 8.
Motto: Uniti nella diversità.
Inno: Inno alla gioia *(di Beethoven)*

VI. Arabia (Il Cairo); **Lingue**: Arabo;
Sede della **Borsa**: Rabat. **Moneta**: Dinaro arabo.
Centro Religioso Cattolico: Gerusalemme.
Meraviglia Architettonica: Petra (Giordania)
Sistema di **Posizionamento** Satellitare proprio e Globale: –
Catepi: 10.
Motto:
Inno:

VII. Centro Africa (Abuja); **Lingue**: Womeze;
Sede della **Borsa**: Khartoum; **Moneta**: Centr-Afro.
Centro Religioso **Cattolico**: Accra.

Meraviglia Architettonica: Moschea Djinguereber (Timbuctù)
Sistema di **Posizionamento** Satellitare proprio e Globale: –
Catepi: 11.
Motto:
Inno:

VIII. Sud Africa (Gaborone); **Lingue:** Swahili;
Sede della **Borsa**: Johannesburg; **Moneta** Sud-Afro.
Centro Religioso **Cattolico**: Kibeho.
Meraviglia Architettonica: Grande Zimbabwe.
Sistema di **Posizionamento** Satellitare proprio e Globale: –
Catepi: 11.
Motto:
Inno:

IX. Russia (Mosca); **Lingue:** Russo;
Sede della **Borsa**: Mosca; **Moneta**: Rublo.
Centro Religioso **Cattolico**: Mosca.
Meraviglia Architettonica: Cremlino e Piazza Rossa (Mosca).
Sistema di **Posizionamento** Satellitare proprio e Globale: Glonass.
Catepi: 11.
Motto:
Inno: L'inno di Stato della Federazione Russa.

X. Estremo Oriente o Cina (Pechino); **Lingue:** Cinese, Giapponese;
Sede della Borsa: **Tokyo**; **Moneta**: Yuan / Renminbi.
Centro Religioso **Cattolico**: Namyangju (in Corea, sede di Santuario Mariano).
Meraviglia Architettonica: Grande Muraglia Cinese.
Sistema di **Posizionamento** Satellitare proprio e Globale: Compass / Beidou.
Catepi: 11 (9+2).
Motto:
Inno: Marcia dei Volontari

XI. Centro-Sud Asia (New Dehi); **Lingue:** Hindi:
Sede della Borsa: Bangkok; **Moneta**: Rupia Asiatica.
Centro Religioso **Cattolico**: Teheran.
Meraviglia Architettonica Taj Mahal (Agra)
Sistema di **Posizionamento** Satellitare proprio e Globale: IRNSS / NavIC.
Catepi: 11 o 3+8.
Motto:
Inno:

XII. Oceania o Insulindia-Oceania (Canberra); **Lingue:** Inglese, Indonesiano.
Sede della **Borsa**: Singapore; **Moneta**: Dollaro Oceanico.
Centro Religioso **Cattolico**: Manila.
Meraviglia Architettonica: Teatro dell'Opera di Sidney (Sidney)

Sistema di **Posizionamento** Satellitare proprio e Globale: –
Catepi: 11.
Motto:
Inno: Advance Australia Fair (= Incedi Bella Australia).

3. Approfondimento sui 120 Catepi.

Arcope, Brasile ed Europia hanno 8 Catepi; Canada, Arabia ed Oceania hanno 10 Catepi, gli altri 6 soggetti internazionali (Amerikia, Centro Africa, Sud Africa, Russia, Estremo Oriente, Centro-Sud Asia) ne hanno 11.

I Catepi hanno grandezza media di 1 milione di kmq, eccetto in Russia dove hanno grandezza media di 1,5 milioni di kmq.

Si elencano i 120 Catepi divisi nei 12 Soggetti Internazionali e si rimanda all'Appendice con Capoluoghi, superficie e Stati attuali che li formano, Catepe per Catepe.

3.1. Canada.

I) Canada (Ottawa): **Lingue: Inglese, Francese.**
  1) Yukon (Whitehorse);
  2) Territori del Nord-Ovest (Yellowknife);
  3) Nunavut (Igaluit);
  4) Columbia Britannica (Victoria);
  5) Alberta (Edmonton);
  6) Saskatchewan (Regina);
  7) Manitoba (Winnipeg);
  8) Ontario (Toronto);
  9) Quebec (Città del Quebec);
10) Terranova e Labrador.

Sarebbe una delle 3 Federazioni o Stati federali.

I 3 Territori (Yukon, Territori del Nord-Ovest e Nunavut) diventano Stati Federati a tutti gli effetti; il Quebec ingloba le 3 piccole province di Isola Principe Edoardo, Nuova Scozia e Nuovo Brunswick; le altre 6 Province-Stati Federati (Columbia Britannica, Alberta, Saskatchewan, Manitoba, Ontario, Terranova e Labrador) restano tali e quali.

3.2. Amerikia.

II) Amerikia (Washington) **Lingue: Inglese, Spagnolo.**
  1) Alaska (Juneau);
  2) Pacific (Sacramento);
  3) North Mountain (Helena);
  4) South Mountain (Phoenix);
  5) West North Central (Lincoln);

6) West South Central (Austin);
7) East Central (Indianapolis);
8) Atlantic (Boston);

9) Nord Messico (Saltillo);
10) Sud Messico (Città del Messico);
11) Centramerica (San Salvador)

Sarebbe una delle 3 Quasi-Federazioni o Semi-Federazioni con nucleo federale, che sarebbe formato dai primi 8 Catepi.

L'Alaska sarebbe tale e quale; gli altri 7 Catepi federati deriverebbero dalle regioni geografiche USA con qualche modifica; il Messico sarebbe diviso in 2 Catepi; gli Stati centramericani sia istimici che insulari sarebbero riuniti in un unico Catepe. San Salvador come Capitale del Catepe Centramerica è un riferimento cristiano **voluto**.

3.3. Arcope.

III) Arcope: **Lingue: Spagnolo.**
1) Venezuela (Caracas);
2) Colombia (Bogotà);
3) Ecuador (Quito);
4) Perù (Lima);
5) Bolivia (Sucre / La Paz)
6) Paraguay (Asunciòn)
7) Cile (Santiago)
8) Argentina-Uruguay (Buenos Aires).

È una delle 6 Semi-federazioni. I Catepi coincidono con altrettanti Stati sudamericani di lingua spagnola, ad eccezione dell'ultimo che deriverebbe dall'unione di Argentina ed Uruguay, unite perché l'Uruguay ha una superficie molto piccola rispetto alla media di 1 milione di kmq (circa 177 mila kmq).

3.4. Brasile.

IV) Brasile: **Lingue: Portoghese.**
1) Guyanas   Lingue: Inglese, Nederlandese, Francese.
2) Amazonas (Manaus)
3) Parà (Belem)
4) Oeste (Cuiabà);
5) Centro-Oeste (Goiania)
6) Nordeste (Sao Luis)
7) Este (Salvador);
8) Sudeste (Sao Paulo).

Il Brasile è uno dei 3 Stati Federali o Federazioni, assieme a Canada e Russia.

15

I Catepi derivano da regioni brasiliane con modifiche ad eccezione del primo che è composto anche dalle 3 Guyane e vive una certa complessità linguistica.

3.5. Europia.

V) Europia:	Lingue: Womeze.
1) Groenlandia (Godthab / Nuuk);	Lingue: Danese, Groenlandese;
2) Norden (Copenhagen);	Lingue: Danese, Svedese, Norvegese, Finlandese;
3) Great Islands (Londra);	Lingue: Inglese, Islandese;
4) Ovest Europa (Andorra la Vella);	Lingue: Francese, Spagnolo, Portoghese;
5) Mitteleuropa (Praga);	Lingue: Tedesco, Polacco, Ungherese, Nederlandese;
6) Est Europa (Minsk o Kiev);	Lingue: Ucraino, Bielorusso, Lituano;
7) Sud Europa (Fiume);	Lingue: Italiano, Serbo-Croato, Romeno;
8) Turchia (Ankara).	Lingue: Turco, Greco.

L'Europia (o Europa non Russa) è una delle 6 Semi-federazioni.

La Groenlandia rimarrebbe tale e quale ma avrebbe maggiore autonomia di quanto ne ha ora. Sarebbe un soggetto Internazionale in qualità di Catepe dell'Europia.

La Turchia realizzerebbe il sogno di entrare in Europia ed avrebbe Cipro come parte del territorio. Speriamo che cresca la minoranza cristiana al suo interno.

Il Norden sarebbe formato dai 3 Stati Scandinavi (Danimarca, Svezia e Norvegia) e dalla Finlandia. Copenhagen sarebbe il centro ideale.

Le Grandi Isole sarebbero Gran Bretagna, Irlanda ed Islanda con la Monarchia inglese che seppur nel suo ruolo cerimoniale, si farebbe garante delle peculiarità di ciascuna isola. Capitale: l'eterna City, Londra.

L'Ovest Europa sarebbe formata dalla Francia (senza la Corsica, che farebbe parte del Sud Europa) e dalla penisola Iberica (con Gibilterra). Capitale Andorra la Vella, incastonata fra Francia e Spagna.

La Mitteleuropa sarebbe più o meno come è presentata dai geografi, con in più il Benelux, Praga ne sarebbe il centro ideale, punto d'incontro neoromantico fra l'Ovest germanico e l'Est slavo.

L'Est Europa sarebbe l'Europa ex-sovietica, avrebbe come capitale Minsk come centro geografico ideale o Kiev per la sua forza di autodeterminazione nazionale. Non avrebbe truppe Nato e sarebbe parte di un accordo Europia-Russia. Le minoranza linguistica russa in varie parti del Catepe sarebbe tutelata.

Il Sud Europa sarebbe formata dalla penisola italica (eccetto il Vaticano, con le 3 isole (Sicilia, Sardegna e Corsica) e dalla penisola balcanica. La città di Fiume di dannunziana memoria ne sarebbe il centro ideale, incontro fra la parte occidentale italica e quella orientale balcanico-rumena.

Potrebbe far parte del Sud Europa Israele, se quest'ultimo non farà parte del Catepe "Mezzaluna Fertile all'interno dell'Arabia).

3.6. Arabia.

VI) Arabia (Il Cairo):   **Lingue: Arabo.**
  1) Mezzaluna Fertile (Baghdad o Gerusalemme); Lingue: Ebraico.
  2) Arabia Saudita (Riyadh);
  3) Sud Arabia (Mascate);
  4) Egitto (Il Cairo)
  5) Libia (Tripoli)
  6) Tunisia (Tunisi)
  7) Sud Algeria (Tamanrasset);
  8) Nord Algeria (Algeri)
  9) Marocco (Rabat);
 10) Mauritania (Nouakchott)

L'Arabia sarebbe formata dagli Stati arabi del Vicino Oriente e del Nord Africa. Gli stati norda-fricani rimarrebbero tali e quali, ad eccezione dell'Algeria che verrebbe articolata in 2 Catepi e del Marocco che ingloberebbe *de iure* il Sahara Occidentale (il che implicherebbe un riconoscimento politico di tale popolo a livello costituzionale e di cariche istituzionali ed autonomistiche).

Per quanto riguarda la parte del Vicino Oriente, l'Arabia Saudita rimarrebbe tale e quale, mentre verrebbe unificata in un unico Catepe la Mezzaluna Fertile con capitale Baghdad o Gerusalemme. Similmente verrebbero unificati nel Catepe Sud Arabia (capitale Mascate, attuale capitale dell'Oman) gli Stati che si trovano a Sud e a Sud-Est dell'Arabia Saudita.

Israele potrebbe far parte della Mezzaluna Fertile (sua naturale collocazione geografica), il che implicherebbe un riconoscimento a livello catepale dell'ebraico o potrebbe far parte del Sud Europa, come già detto.

3.7. Centro Africa.

VII) Centro Africa (Abuja):   **Lingue: Inglese, Francese, Arabo.**
  1) Mali (Bamako);
  2) Niger (Niamey)
  3) Ovest Guinea (Conakry)
  4) Est Guinea (Accra)
  5) Nigeria (Abuja)
  6) Centrafrica-Camerun (Bangui)
  7) Ciad (N'djamena)
  8) Sudan (Khartoum)
  9) Sud Sudan (Giuba)
 10) Etiopia (Adiss Abeba)
 11) Somalia-Eritrea (Gibuti)

4 sarebbero i Catepi formati da più Stati attuali:
1) l'Ovest Guinea formato dagli Stati della parte occidentale della costa guineana;
2) l'Est Guinea formato dagli Stati della parte orientale della costa guineana;
3) il Centrafrica formato da Centrafrica e Camerun;

4) la Somalia-Eritrea formata dai 3 Stati attuali di Somalia (che è, ahimè, allo stato attuale, uno Stato fallito, dall'Eritrea e da Gibuti).

Lingue dell'Area sarebbero Francese, Inglese, Arabo, Ahmarico e Somalo. Dato che erano un po' troppe ho optato per il Womeze, che sarebbe adottato come lingua Federale solo dall'Europia e dal Centro Africa. Per il resto sarebbe una lingua internazionale, patrimonio comune dell'Umanità.

3.8. Sud Africa.

VIII) Sud Africa (Gaborone):　　　**Lingue: Swahili, Inglese, Francese, Portoghese.**
  1) Congo (Libreville);
  2) Zaire (Kinshasa);
  3) Kenya-Uganda (Nairobi);
  4) Tanzania (Dodoma);
  5) Angola (Luanada);
  6) Zambia (Lusaka);
  7) Mozambico-Malawi (Maputo)
  8) Madagascar (Antananarivo)
  9) Namibia (Windhoek)
10) Zimbwana (Harare)
11) Sudafrica (Bloemfontein)

Zaire, Angola, Zambia e Namibia resterebbero tali e quali; gli altri 7 Catepi deriverebbero dalla fusione di 2 o più Stati. Notevole è il Catepe "Zimbwana", il cui nome è derivato dall'aplologia di Zimbabwe e Botswana. Nonché notevole è il Catepe Magadascar per la sua insularità, essendo formato dalla grande isola omonima e dai piccoli arcipelaghi vicini (Comore, Maurizio e Seychelles).

3.9. Russia.

IX) Russia (Mosca):　　　　　　　**Lingue: Russo.**
  1) Nord-Ovest Russia (San Pietroburgo);
  2) Ovest Russia (Mosca);
  3) Centro-Ovest Russia (Jekaterinenburg);
  4) Tjumen (Tjumen);
  5) Est Russia (Novosibirsk);
  6) Krasknojarsk (Krasnojarsk);
  7) Nord Sakha (Batagaj);
  8) Sud Sakha (Jakutsk);
  9) Irkutsk (Irkutsk);
10) Sud-Est Siberia (Khabarovsk);
11) Kamchadan (Magadan).

Per capire questi 11 Catepi, bisogna conoscere la geografia russa. A chi non la conoscesse, consiglio di guardare la mappa e il foglio di calcolo in Appendice.

Qui basti solo rilevare che:

1) i primi 3 Catepi (Nord-Ovest-Russia. Ovest Russia e Centro-Ovest Russia) sono formati grazie alla fusione di moltissime province;

2) che del Nord-Ovest Russia dovrebbe far parte l'exclave di Kaliningrad e che dell'Ovest Russia dovrebbero far parte i 3 Stati Caucasici (Armenia, Georgia, Azerbaigian) attualmente indipendenti;

3) che la più grande unità amministrativa del mondo (la Jacuzia-Sakha) viene divisa in 2 Catepi;

4) che il nome dell'11° ed ultimo Catepe deriva da un'aplologia (fra Kamchatka e Magadan);

5) che questi Catepi sono grandi in media 1,5 milioni di kmq, per mantenere il limite massimo di 11 Catepi.

3.10. *Estremo Oriente.*

X) Estremo Oriente (Pechino):   **Lingue: Cinese, Giapponese.**
  1) Sinkiang Uighur (Urumchi);
  2) Tsinghai (Sining);
  3) Nord-Ovest Cina (Sian);
  4) Tibet (Lhasa);
  5) Sud-Ovest Cina (Chongqing);
  6) Sud-Est Cina (Hong Kong);
  7) Nord-Est Cina (Tientsin);
  8) Manciuria (Changchun);
  9) Mongolia Interna (Huhehot);

10) Mongolia (Ulan-Bator)   Lingue: Mongolo;
11) Nippocorea (Tokyo)   Lingue: Coreano.

L'Estremo Oriente è una delle 3 (o 4, come già detto) Quasi-Federazioni con un Nucleo Federale di 9 Catepi e 2 Catepi semi-indipendenti: Mongolia e Nippocorea.

Sinkiang Uighur, Tsinghai e Tibet sono 3 Catepi in cui vivono delle minoranze (in ispecie uiguri e tibetani). In Manciuria prevale ormai l'etnia Han e il Manciù (o mancese) è quasi estinta anche come lingua. Questo è quindi una sorta di riconoscimento "postumo" o "alla memoria" all'etnia manciù.

Gli altri 5 Catepi del nucleo federale sono a maggioranza Han, anche se non mancano le minoranze, anche lì.

Nota finale per quel che riguarda il nucleo federale: del Centro-Sud Cina dovrebbe far parte Taiwan.

Per quanto riguarda i 2 Catepi semi-federati: la Mongolia rimane tale e quale. Ciò che bisogna vedere è se accetterà lo yuan e qualche (molto moderata) interferenza di Pechino. Comunque, finora, stretta fra Russia e Cina si è appoggiata un po' alla prima un po' alla seconda. Certo, questa sarebbe una semi-dipendenza di fatto.

Per quanto riguarda il Catepe "Nippocorea", rizzeranno i capelli in testa sia a Giapponesi sia ai Coreani. Ai primi perché una dipendenza anche solo monetaria da Pechino è vera e propria apostasia (politica) più che semplice eresia. Ai secondi perché dipendere da Tokyo e da Pechino sembrerebbe quasi un tradimento.

Comunque quella che attualmente sembra un'utopia impossibile da realizzare potrebbe realizzarsi – e in maniera rispettosa dell'autonomia dei Catepi, federali e non – se solo in Cina sbocciasse il fiore della democrazia, cioè del rispetto della volontà popolare, il che non vorrebbe dire uniformarsi al modello americano ed occidentale, ma trovare una "via cinese" alla democrazia, come già hanno fatto giapponesi e sudcoreani (ma magari **senza** basi militari americane...).

3.11. Centro-Sud Asia.

XI) Centro-Sud Asia (New Delhi):	**Lingue: Womeze, Hindi.**
1) Iran (Teheran);	Lingue: Persiano;
2) Ovest Kazakistan (Aqtobe);	Lingue: Kazako;
3) Est Kazakistan (Nur-Sultan);	" "
4) Centrasia (Samarcanda);	Lingue: Usbeco, Kirghiso, Turkmeno, Tagico;
5) Afghanistan (Kabul);	Lingue: Pashtu, Dari;
6) Pakistan (Islamabad);	Lingue: Urdu;
7) Nord India (New Delhi);	Lingue:
8) Nord-Est India (Kolkata / Calcutta);	Lingue: Bengalese;
9) Sud India (Bangalore);	Lingue:
10) Ovest Indocina (Bangkok);	Lingue: Birmano, Thai;
11) Est Indocina (Hanoi);	Lingue: Vietnamita, Khmer, Laotiano.

Questo Soggetto Internazionale riunisce in sé più di ¼ della popolazione mondiale. Il secondo soggetto per popolazione è l'Estremo Oriente che riunisce più di 1/5 della popolazione mondiale. Insieme questi 2 soggetti riuniscono poco meno della metà della popolazione, pur avendo poco più di 1/6 delle terre emerse come superficie territoriale.

Per capire questa suddivisione bisogna conoscere la geografia dell'Asia e, in particolare, dell'India.

Non so se Hindi e Persiano saranno sufficienti come lingue veicolari o servirà anche il Womeze.

3.12. Oceania.

XII) Oceania (Canberra):	Lingue: Inglese, Indonesiano;
1) Nord-Ovest Australia (Karratha);	
2) Sud-Ovest Australia (Perth);	
3) Territorio del Nord (Darwin);	
4) Sud Australia (Adelaide);	
5) Queensland (Brisbane);	
6) Sud-Est Australia (Sidney);	
7) Nuova Zelanda (Wellington);	
8) Oceania (Port Moresby);	
9) Insulindia (Bandar Seri Begawan);	Lingue: Malese, Pilipino
10) Indonesia (Giacarta).	

Per quanto riguarda il nucleo federale, rimarchevole è la divisione in 2 dell'Ovest Australia e l'unificazione nel Catepe del Sud-Est Australia dei 3 Stati del Nuovo Galles del Sud di Victoria e della Tasmania.

Per quanto riguarda i Catepi per così dire "esterni" vanno rilevati:
1) la perfetta continuità politico-territoriale della Nuova Zelanda, dovuta anche alla sua posizione, particolarmente "isolata" o "appartata" dal resto;
2) il grande rassemblement di isole che forma il Catepe dell'Oceania, fra cui la più importante è l'isola di Nuova Guinea, finalmente riunita;
3) l'Insulindia formata da 4 Stati: Filippine, Malaysia, Singapore e Brunei e linguisticamente "eccentrica" e notevole rispetto al resto del Soggetto Internazionale;
4) l'Indonesia che non avrebbe più Iran Jaya, ma avrebbe al suo interno Timor Est.

4. Le istituzioni globali.

La più importante istituzione globale sarebbe il **Consiglio di Sicurezza** formato dai Presidenti dei 12 Soggetti, più con diritto di parola, ma non di voto dal Segretario Generale ONU e dal Segretario di Stato Vaticano con funzione di mediatori. La presenza del Segretario Vaticano da un lato sarebbe una garanzia per un ordine filo-cristiano (anche se religiosamente tollerante come spesso ripetuto) e permetterebbe di evitare che siano 13 leader in un tavolo (numero un po' sgradevole visti i precedenti...), inoltre spesso smusserebbe le tensioni facendo squadra assieme al Segretario Generale (almeno, di solito).

Deciderebbe con la maggioranza dei 2/3 dei votanti, cioè col voto favorevole di 8 Soggetti su 12.

Un'altra istituzione globale sarebbe il **Segretario Generale ONU** a capo del Segretariato.

Poi ci sarebbe l'**Assemblea Generale dei 120 Catepi**. Ogni Soggetto avrebbe 11 voti, per cui, per i soggetti che hanno meno di 11 Catepi i Catepi più popolosi in ordine decrescente (che sarrebbero 3 per Arcope, Brasile ed Europia ed 1 per Canada, Arabia ed Oceania) avrebbero 2 voti (ovvero un voto che vale doppio, anziché 1).

Date le attuali popolazioni e, salvo stravolgimenti demografici, i 3 Catepi europei con doppio voto dovrebbero essere nei secoli 3 di questi 5 Catepi: Mitteleuropa, Sud Europa, Ovest Europa, Est Europa, Turchia.

Le 3 Istituzioni giuridiche sarebbero: **Corte di Giustizia ONU**, **Corte Penale ONU**, **Corte dei Conti ONU**, ciascuna con 15 membri. I 3 membri in più spetterebbero a rotazione ai 12 soggetti. Il numero dispari è importante per le maggioranze nelle decisioni.

Ultime 2 istituzioni sarebbero gli **Avvocati dell'ONU** che difenderebbero l'ONU nelle controversie internazionali e i **Pubblici Ministeri ONU** che accuserebbero criminali di guerra, criminali contro il Creato, leader terroristici globali.

5. Le istituzioni dei 12 soggetti e dei 120 Catepi.

Dei 12 Soggetti, 2 sarebbero Monarchie Costituzionali (Canada ed Oceania, che avrebbero come Capo di Stato il Monarca del Regno Unito, rappresentato da un Governatore Generale e 10 Repubbliche. Le 10 Repubbliche possono essere Federali, Quasi-Federali o Semi-Federali (vedi quanto detto sopra nei capitoli precedenti) e possono essere Parlamentari, Semipresidenziali o Presidenziali.

Similmente i Catepi possono essere Monarchico-costituzionali o Repubblicani: sarebbero Monarchici quelli di Canada ed Oceania, oltre ai 2 Catepi europei di Grandi Isole (che ricomprenderebbe il Regno Unito ed avrebbe quindi lo stesso Monarca di Canada ed Oceania) e Nord Europa o Norden. Gli altri sarebbero tendenzialmente Repubblicani, anche se potrebbero avere delle Monarchie fra gli Stati federati (come la Spagna nell'Ovest Europa o i 3 Stati del Benelux nella Mitteleuropa o il Giappone nella Nippocorea).

I Catepi Repubblicani possono essere, inoltre, Presidenziali, Semipresidenziali o Parlamentari, in maniera del tutto analoga ai 12 Soggetti Internazionali.

6. Le lingue.

Ciascuno dei 12 Soggetti Internazionali avrà da 1 a 4 lingue Statali: ciò vuol dire che ci saranno un massimo di 48 lingue globali oltre il Womeze. Quelle che io propongo sono però solo (vedi capitolo 3): 1) Inglese, 2) Francese, 3) Spagnolo, 4) Portoghese, 5) Arabo, 6) Swahili, 7) Russo, 8) Cinese, 9) Giapponese, 10) Hindi, 11) Indonesiano. Con il Womeze sono in tutto 12 lingue globali.

Ogni Catepe, inoltre, potrà avere da 1 a 4 ulteriori lingue "catepali". A tal riguardo rimando al capitolo 3°.

Lingua Universale sarà il Womeze.

7. Le religioni, le filosofie e le culture.

Nel "Mondo Futuro Cristiano-Mikeliano", Maria è proclamata all'Onu Regina Spirituale dell'Universo, della Via Lattea e della Terra e, in un secondo momento, Gesù verrà proclamato Re Spirituale all'Onu, ma c'è libertà di culto.

Per quanto riguarda altri orientamenti a-religiosi o anti-religiosi, per quanto riguarda l'agnosticismo e l'ateismo sono tollerati purché non contrastino con l'ordine pubblico.

Il Satanismo e la musica satanica sono vietati. L'horror nelle arti narrative e figurative è sottoposto a delle restrizioni.

Per quanto riguarda l'alimentazione c'è piena libertà, eccetto il cannibalismo, ovvero l'antropofagia.

C'è piena libertà di filosofare, ma non di bestemmiare.

L'eresia, purché non ironica a fini blasfemi, è tollerata in ossequio alla libertà di culto.

Fa parte dell'onorabilità della persona il rispetto di genitori, sacerdoti e governanti salvo questi – secondo una condanna passata in giudicato – non si siano macchiati di gravi delitti contro le singole persone o l'umanità in generale.

8. La famiglia e la vita umana.

La famiglia è quella eterosessuale monogamica. In alcuni Paesi potrebbe esser tollerata la famiglia eterosessuale poligamica poliginica in base a determinate religioni come l'Islam.

La famiglia omosessuale non è tollerata, tuttavia la sessualità omosessuale NON è penalmente perseguita. È però ammessa la terapia animologica riparativa per gli omosessuali (perché diventino o tornino ad essere eterosessuali) oltre a percorsi riparativi per omosessuali di tipo sacramentale / liturgico / orazionale. Sia la terapia animologica, sia i percorsi religiosi sono però su base esclusivamente **volontaria**.

9. I lavori, il Creato e la salute del corpo e dell'anima.

Nel Mondo Futuro Cristiano-Mikeliano non esistono i seguenti lavori:
1) boia (perché non esiste la pena di morte);
2) gigolò/prostituto, prostituta (o almeno saranno illegali);
3) pornoattore / pornoattrice;
4) attore / attrice di cinema (esistono però i doppiatori per i film d'animazione);
5) i venditori di armi da fuoco e di bombe potranno vendere solo coltelli, spade, balestre e affini;
6) quelli che si occupavano di effetti speciali nei film dovranno occuparsi d'altro, magari nell'ambito del cinema;
7) certi mestieri in ambito finanziario spariranno, perché il ruolo della finanza diminuirà per lasciar spazio all'economia reale.

Ci sarà la settimana lavorativa di 30 ore spalmata su 5 giorni (6 ore al giorno), salvo il lavoro part time nel fine settimana (nelle professioni ove è necessario per garantire la continuità del servizio e riservato ai giovani) che sarà di 12 ore.

10. I trasporti e la comunicazione. L'espansione nell'Universo.

Gli aerei saranno in numero limitato per non consumare troppo e per non inquinare troppo, ma si conquisterà lo spazio. I viaggi spaziali un giorno diverranno ordinaria amministrazione, almeno quelli all'interno dello stesso sistema solare e/o della stessa galassia.

Il ruolo di internet crescerà, ma non fino al punto da far passare la voglia di uscire o di leggere un libro. È possibile che la tecnologia dell'inchiostro elettronico sarà estesa dagli ebook reader agli altri dispositivi, pc fissi e portatili inclusi, il che permetterà di leggere libri rimanendo al computer.

Radio, Tv, e-book reader e computer forse convergeranno verso un dispositivo unico che sarà anche in forma di tablet o smartphone.: l'unica differenza sarà la portabilità e le dimensioni dello schermo.

Forse si arriverà ad un unico abbonamento familiare onnicomprensivo (all inclusive) per un massimo di 10 dispositivi (devices).

Non so se il Womeze soppianterà l'inglese in ambito informatico, ma lo soppianterà negli altri ambiti scientifici ed artistici (salvo dove resiste il latino, che manterrà il suo status: biologia, diritto e teologia).

11. Gli sport con la palla e gli sport di squadra.

Gli sport di squadra sono nella quasi totalità anche sport con la palla, con poche non rilevantissime eccezioni (tra cui il tiro alla fune e l'ultimate).

Non sempre, invece, gli sport con la palla sono anche sport di squadra. Non lo sono, ad esempio, tutti gli sport con la racchetta (fra cui il più gettonato è il tennis) e gli sport di destrezza.

In quest'ambito utopistico mi occuperò innanzitutto di sport di squadra, quindi del tennis, quindi degli altri sport con la palla.

11.1. Sport di squadra.

Alle Olimpiadi parteciperanno solo le 12 selezioni dei 12 Soggetti, ovvero:
1) Canada, 2) Amerikia, 3) Arcope, 4) Brasile;
5) Europia, 6) Arabia, 7) Centro Africa, 8) Sud Africa,
9) Russia, 10) Estremo Oriente, 11) Centro-Sud Asia, 12) Oceania.

Ai tornei continentali invece parteciperanno le selezioni dei 120 Catepi.

Più esattamente:
1) Torneo del **Nordamerica**, fase finale: 16 selezioni:
    8 dei 10 Catepi del Canada;
    8 degli 11 Catepi dell'Amerikia.
2) Torneo del **Sudamerica**, fase finale: 16 selezioni:
    gli 8 Catepi dell'Arcope;
    gli 8 Catepi del Brasile (incluso il Catepe Guyanas).
3) Torneo dell'**Europa**, fase finale: 16 selezioni:
    gli 8 Catepi dell'Europia;
    8 degli 11 Catepi della Russia.
(Negli sport dove la Groenlandia non avesse selezioni, i Catepi della Russia partecipanti alla fase finale sarebbero 9.)
4) Torneo dell'**Afroarabia**, fase finale: 24 selezioni:
    8 dei 10 Catepi dell'Arabia;
    8 degli 11 Catepi del Centro Africa;
    8 dei 12 Catepi del Sud Africa.
5) Torneo dell'**Asia-Oceania**, fase finale: 24 selezioni:
    8 degli 11 Catepi dell'Estremo Oriente;
    8 degli 11 Catepi del Centro-Sud Asia.
    8 dei 10 Catepi dell'Oceania.

Ai mondiali degli sport di squadra invece parteciperebbero 64 selezioni.
In base al posizionamento di ciascuno dei 12 Soggetti mondiali, parteciperanno alla fase finale:
1) il Catepe organizzatore;
2) 6 Catepi per ciascuno dei primi 3 soggetti in base al posizionamento nella classifica di ciascuno sport (ad esempio nel calcio saranno per un lungo periodo, o forse "per sempre", Europia, Brasile ed Arcope).
3) 5 Catepi per ciascuno degli altri 9 Soggetti (ad esempio, nel calcio: Canada, Amerikia, Arabia, Centro Africa, Sud Africa, Russia, Estremo Oriente, Centro-Sud Asia, Oceania).

11.2. Il tennis.

Oltre ai 4 Tornei del Grande Slam ci dovrebbero essere 10 Tornei formanti i cosiddetti "Top Ten" (o "Top-Diezi" in Womeze) di cui 9 negli altri 9 Soggetti (Canada, Arcope, Brasile, Arabia, Centro Africa, Sud Africa, Russia, Estremo Oriente, Centro-Sud Asia, Oceania) ed 1 in Amerikia (più esattamente nel Nord Messico o nel Sud Messico).

11.3. Gli altri sport con la palla.

Gli altri sport con la palla sono quelli di destrezza e gli altri sport con la racchetta.
Come consiglio generico posso dire che eventuali grandi tornei vanno distribuiti fra i 12 Stati, in maniera simile a quanto accade per il tennis. E che, se sono possibili selezioni "nazionali" esse possono essere Statali o Catepali.

12. Gli altri sport.

Dopo una notizia di cronaca del 2 novembre 2022, ritengo "sport buoni", cioè sport in cui con determinate regole gli atleti possono avere meno vessazioni e un minor rischio di vita:
1) gli sport con la palla di movimento (che ricomprendono gli sport di squadra e gli sport con la racchetta: calcio, pallacanestro, pallavolo, hockey su prato, tennis, volano, ecc.);
2) gli sport con la palla di destrezza (golf, croquet);
3) gli sport di destrezza senza armi da fuoco (tiro con l'arco, freccette, atlatl);
4) la scherma (fioretto, sciabola e spada).

Gli altri sport non dovrebbero esser praticati a livello agonistico.

13. Patroni del Mondo Futuro Cristiano-Mikeliano.
La vicinanza con l'enciclica "Caritas in veritate" di Benedetto XVI.

Questi sono i **patroni** del "Mondo Futuro Cristiano-Mikeliano" (oltre che delle altre mie utopie):
1) Maria Santissima;
2) San Giuseppe;
3) San Michele Arcangelo;
4) Santa Barbara;
5) San Francesco Saverio;
6) San Tommaso Moro;
7) Sant'Atanasio di Alessandria;
8) Santa Caterina da Siena;
9) Sant'Antonio di Padova;
10) San Giovanni Fisher;
11) Sant'Aronne;
12) Sant'Ester;
13) Santa Brigida;
14) San Lorenzo.

"Il Mondo Futuro" viene pubblicato per la prima volta nell'Aprile 2007 ed è frutto di mie riflessioni che partono da un mio commento al saggio "Congetture e confutazioni" di Karl Raimund Popper, commento che feci in 5ª liceo nel 1998.

2 anni dopo, il 29 giugno 2009, papa Benedetto XVI pubblicò la sua enciclica "Caritas in veritate" che ha diversi punti in comune sia col mio saggio "Il Mondo Futuro" che con gli sviluppi successivi.

Dubito che papa Benedetto XVI abbia letto il mio saggio nel 2007 ed io non avevo letto la sua Enciclica fino al luglio 2021 – pur ritenendo da tempo Benedetto XVI il mio principale "maestro secondario"[1].

Si può spiegare ciò in 2 modi:
1) da un lato che viviamo la stessa epoca, siamo "figli dello stesso tempo" per usare un'espressione un po' abusata;
2) dall'altro che lo Spirito che proviene dall'Altissimo ispira in maniera analoga uomini retti illuminati dalla fede Cristiana, pur in presenza di un percorso di vita molto diverso.

Fra i punti in comune:
1) il mio "creatalismo" riprende (inconsapevolmente) quell' "ecologia integrale" e quello "sviluppo integrale dell'uomo" enucleati nell'enciclica "Caritas in Veritate" di Papa Benedetto XVI;
2) il capitolo quinto ha molti punti in comune con la mia visione economico-politica, a partire dall'Autorità mondiale poliarchica (il mio "Direttorio Mondiale" con i Presidenti di pochi Stati mondiali) e con l'accenno alla microfinanza e al microcredito.

14. Altro: 1) Definizione della Tradizione Giudaico-Cristiana, 2) Organizzazione della Chiesa Cattolica e Pratiche devozionali.

La Tradizione Giudaico-Cristiana è formata:
a) dal **Giudaismo** nelle sue varie confessioni (ortodossa, conservatrice, riformata);
b) dal **Cristianesimo** nelle sue varie confessioni (Cattolicesimo, Ortodossia, Anglicanesimo, Protestantesimo);
c) dalle "**sette para-Giudaiche**" ovvero dai "*Nuovi Movimenti Religiosi di origine Giudaica*", fra i quali i Samaritani;
d) dalle "**sette para-Cristiane**" ovvero dai "*Nuovi Movimenti Religiosi di origine Cristiana*", ovvero 1) Testimoni di Geova; 2) Mormoni; 3) Avventisti; 4) Unitariani; 5) Chiesa dell'Unificazione; 6) Chiesa di Dio Onnipotente; 7) Mandei; 8) Rastafariani; ecc.

La Chiesa Cattolica è il cuore del Cristianesimo e della Tradizione Giudaico-Cristiana, che però non è priva di aporie ed errori teologici soprattutto in ambito settario.

Il 16% della popolazione mondiale è **Cattolica**, il 33% è **Cristiana** e il 35% appartiene alla **Tradizione Giudaico-Cristiana** (fra cui lo 0,15% è di Giudei e il resto di sette varie: lo 0,22% di Avventisti, 0,18% di Mormoni, 0,1% di Testimoni di Geova, 0,05% della Chiesa di Dio Onnipotente, 0,02% Chiesa dell'Unificazione; 0,01% del Rastafarianesimo; 0,001% di Mandei, 0,00001% di Samaritani, ecc.) che ha la maggioranza relativa delle tradizioni religiose del Pianeta, seguita dalla Tradizione Islamico-Bahaista e da quella Induisto-Buddhistica (queste ultime 2 tradizioni che hanno

---

1   I miei "maestri primari" sono solo Gesù e Maria.

un minimo di unitarietà, soprattutto la prima, non vengono mai citate dagli studiosi come "tradizioni" anche perché non si basano su unico testo sacro).

* * *

La Chiesa Cattolica sarà strutturata in 12 Conferenze Episcopali "Statali" o "Continentali", suddivise in 120 Conferenze Episcopali "Catepali". Il Presidente della Conferenza Episcopale Europea sarà nominato direttamente dal Papa, gli altri 11 verranno eletti da una delegazione di vescovi dello Stato.

Il Papa rappresenterà San Pietro e San Paolo, il 12 Presidenti delle 12 Conferenze Episcopali gli altri 10 Apostoli Fedeli a Gesù (cioè tutti tranne Giuda Iscariota) più San Mattia che sostitì Giuda Iscariota e San Barnaba compagno di viaggio di San Paolo e lato sensu "15° Apostolo" (dopo i 12, Mattai e San Paolo: vedi gli Atti degli Apostoli).

I 12 Presidenti delle 12 Conferenze Episcopali potranno consigliare il Papa, assieme al Prefetto per la Congregazione della Dottrina della Fede (una sorta di "**Consiglio Cattolico Terrestre per la Vera Fede**"), Papa cui spetterà comunque l'ultima parola.

La preminenza del Papa anche in presenza di questa "riforma" sarà preziosa in vista della possibile conquista di nuovi pianeti nella nostra Galassia, la Via Lattea.

Quando il Cattolicesimo abbraccerà tutta la Terra e, se si manterranno le attuali tendenze demografiche, al Canada spetteranno 6 cardinali-elettori, agli altri 11 Stati 24 ciascuno, per un totale di 270 cardinali-elettori.

La liturgia sarà di 2 ordini: "Vetus Ordo" (4 lingue liturgiche: Latino, Koiné, Slavo ecclesiastico e Copto) e "Novus Ordo" (unica lingua liturgica: Womeze).

Una pratica devozionale breve per pregare per l'intero pianeta sarà 1 posta di Rosario con 1 Padre, 10 Ave e 1 Gloria. Il Padre Nostro sarà una preghiera per il proprio Stato, i 10 Ave per gli altri 10 Stati e il Gloria al Padre per il pianeta Terra nel suo complesso.

Appendice

30

Legenda sull'Appendice

In questo allegato vengono presentati i 12 Soggetti Internazionali e i rispettivi Catepi, che sono in tutto 120.
Le **12 presentazioni** seguono uno schema simile:
1) Nome dello Soggetto Internazionale (e capitale);
2) Bandiera Federale;
3) Mappa di tutti i catepi o gran parte di essi;
4) Eventuale 2ª (e talvolta 3ª) mappa complementare (con i Catepi non presenti nella 1ª);
5) Meraviglia architettonica;
6) Elenco dei Catepi (fatto con un foglio elettronico di una suite da ufficio open source);
7) Eventuale elenco dettagliato o analitico;
8) riassunto finale delle caratteristiche del Soggetto (messo in una pagina **pari**).

Per quanto riguarda l'**elenco**:
1) Il nome del Soggetto Internazionale e la superficie complessiva è messa all'inizio, il Soggetto è preceduto da un numero romano;
2) è messa solo la grandezza di superficie in **migliaia** di **kmq** (chilometri quadrati) con una cifra decimale[2] (e non la popolazione, vedi pero più sotto);
3) i Catepi sono numerati (in cifra araba[3]) e, spesso in **grassetto**;
4) gli Stati attualmente sovrani o le unità amministrative di 1° livello formate da più Catepi (cioè l'India e la Jacuzia-Sakha) sono in *corsivo*;
5) gli Stati attualmente sovrani che concorrono a formare un Catepe assieme ad unità amministrative sono in *corsivo*;
6) le unità amministrative che formano un futuro Catepe sono in stile "normale" (né grassetto, né corsivo, né sottolineato);
7) gli Stati attualmente sovrani che concorrono a formare un futuro Catepe solo con altri Stati sovrani (e non con unità amministrative) sono in stile "normale" (né grassetto, né corsivo, né sottolineato).

Dopo la presentazione dei 12 Stati vi è la presentazione della **Confederazione Terrestre** nel suo insieme, non solo con le superfici, ma anche con le popolazioni complessive dei 12 Soggetti (in **milioni** di persone, con una cifra decimale[4]), secondo quanto risulta sulla Wikipedia inglese a luglio 2021.

---

2   Che indica le centinaia di kmq.
3   Si dice che le cifre arabe sarebbero nate in India. Questa nozione che, penso, non sia accettata da tutti gli studiosi, come al solito, esula dagli interessi di questa Costituzione.
4   Che indica le centinaia di migliaia di persone.

1. Canada (Ottawa)

Bandiera

I 10 Catepi

Meraviglia

Château Frontenac (Québec, città)

Gli 11 Catepi del Canada: capoluoghi e superficie

Stato, Distr. Fed., Catepe, Stato federato	Superficie
1) Canada	**9.970,2**
Ottawa	
A1) Yukon (Whitehorse)	**483,4**
1) Yukon (Whitehorse)	483,4
A2) T. del Nord-Ovest (Yellowknife)	**1.224,9**
2) T. del Nord-Ovest (Yellowknife)	1.224,9
A3) Nunavut (Igaluit)	**2.201,4**
3) Nunavut (Igaluit)	2.201,4
A4) Columbia Britannica (Victoria)	**947,8**
4) Columbia Britannica (Victoria)	947,8
A5) Alberta (Edmonton)	**661,1**
5) Alberta (Edmonton)	661,1
A6) Saskatchewan (Regina)	**652,3**
6) Saskatchewan (Regina)	652,3
A7) Manitoba (Winnipeg)	**650,0**
7) Manitoba (Winnipeg)	650,0
A8) Ontario (Toronto)	**1.068,5**
8) Ontario (Toronto)	1.068,5
A9) Quebec (Quebec)	**1.675,1**
9) Quebec (Quebec)	1.540,6
11) Isola Princ. Edoardo (Charlottetown)	5,6
12) Nuova Scozia (Halifax)	55,5
13) Nuovo Brunswick (Fredericton)	73,4
A10) Terranova e Labrador (Saint John's)	**405,7**
10) Terranova (Saint John's)	405,7

Riassunto dello Stato

I. Canada (Ottawa); **Lingue**: Inglese, Francese;
Sede della **Borsa**: Toronto; **Moneta**: Dollaro Canadese.
Centro Religioso **Cattolico**: Québec, Città.
Meraviglia Architettonica: Château Frontenac (Québec, città).
Sistema di **Posizionamento** Satellitare proprio e Globale: –
Catepi: 10
Motto: A mari usque ad mare. (= Da Mare a Mare)
Inno: O Canada.

2. Amerikia (Washington)

Bandiera:

7 Catepi su 11

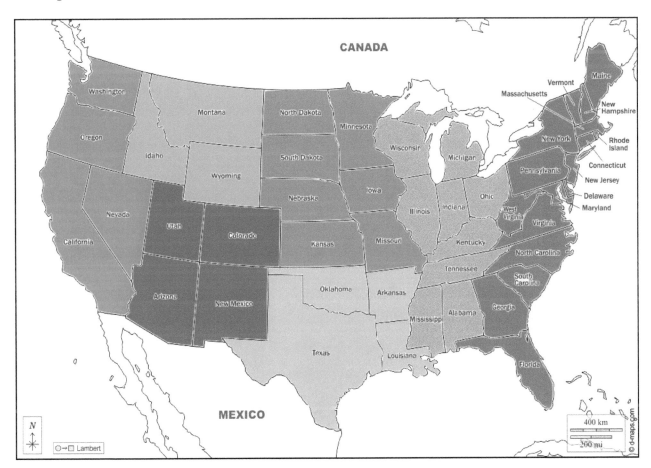

Ulteriori 3 Catepi: Nord Messico, Sud Messico, Centramerica.

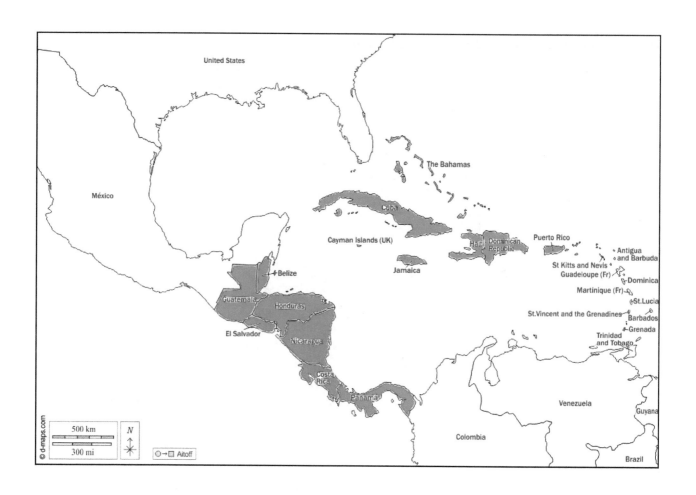

Meraviglia:

Chichén Itzá (Yucatan)

Catepi dell'Amerikia: capoluoghi e superficie

Stato, Distr. Fed., Catepe, Stato federato	Superficie
2) Stati Uniti	**9.356,3**
Washington D.C.	**0,1**
B1) Alaska (Juneau)	**1.530,7**
1) Alaska (Juneau)	1.530,7
B2) Pacific (Sacramento)	**1.125,3**
2) California (Sacramento)	411,0
3) Oregon (Salem)	251,4
4) Washington (Olympia)	176,5
5) Nevada (Carson City)	286,4
B3) North Mountain (Helena)	**850,5**
6) Montana (Helena)	380,8
7) Idaho (Boise City)	216,4
8) Wyoming (Cheyenne)	253,3
B4) South Mountain (Phoenix)	**1.099,9**
9) Arizona (Phoenix)	295,3
10) Colorado (Denver)	269,6
11) New Mexico (Santa Fe)	315,0
12) Utah (Salt Lake City)	220,0
B5) West North Central (Lincoln)	**1.341,5**
13) Iowa (Des Moines)	145,8
14) Kansas (Topeka)	213,1
15) Minnesota (Saint Paul)	218,6
16) Missouri (Jefferson City)	180,5
17) Nebraska (Lincoln)	200,4
18) North Dakota (Bismarck)	183,1
19) South Dakota (Pierre)	200,0
B6) West South Central (Austin)	**1.133,7**
20) Arkansas (Little Rock)	137,8
21) Louisiana (Baton Rouge)	123,7
22) Oklahoma (Oklahoma City)	181,2
23) Texas (Austin)	691,0
B7) East Central (Indianapolis)	**1.114,9**
24) Illinois (Springfield)	145,9
25) Indiana (Indianapolis)	93,7
26) Michigan (Lansing)	151,6
27) Ohio (Columbus)	107,0
28) Wisconsin (Madison)	145,4
29) Alabama (Montgomery)	133,9
30) Kentucky (Frankfort)	104,7
31) Mississippi (Jackson)	123,5
32) Tennessee (Nashville-Davidson)	109,2
B8) Atlantic (Boston)	**1.159,7**
33) Connecticut (Hartford)	13,0
34) Maine (Augusta)	86,2
35) Massachusetts (Boston)	21,5

36) New Hampshire (Concord)	24,0
37) Rhode Island (Providence)	3,1
38) Vermont (Montpellier)	24,9
39) New Jersey (Trenton)	20,2
40) New York (Albany)	127,2
41) Pennsylvania (Harrisburg)	117,3
42) Delaware (Dover)	5,3
43) Florida (Tallahassee)	151,9
44) Georgia (Atlanta)	152,6
45) Maryland (Annapolis)	27,1
46) Notrh Carolina (Raleigh)	136,4
47) South Carolina (Columbia)	80,6
48) Virginia (Richmond)	105,6
49) West Virginia (Charleston)	62,8

Stato, Distr. Fed., Catepe, Stato federato	Superficie
3) Messico	**1.956,9**
Città del Messico	**1,5**
B9) Nord Messico (Saltillo)	**1.182,6**
1) Baja California Norte (Mexicali)	69,9
2) Baja California Sur (La Paz)	73,5
3) Chihuahua (Chihuahua)	244,9
4) Coahuila (Saltillo)	150,0
5) Durango (Durango)	123,2
6) Nuevo Leon (Monterrey)	64,9
7) San Luis Potosì (San Luis Potosì)	63,1
8) Sinaloa (Culiacan)	58,3
9) Sonora (Hermosillo)	182,1
10) Tamaulipas (Ciudad Victoria)	79,4
11) Zacatecas (Zacatecas)	73,3
B10) Sud Messico (Città del Messico)	**774,3**
12) Aguascalientes (Aguascalientes)	5,5
13) Colima (Colima)	5,2
14) Guanajuato (Guanajuato)	30,5
15) Guerrero (Chilpancingo)	64,3
16) Hidalgo (Pachuca)	20,8
17) Jalisco (Guadalajara)	80,8
18) México (Toluca de Lerdo)	21,4
19) Michoacan (Morelia)	59,9
20) Morelos (Cuernavaca)	5,0
21) Nayarit (Tepic)	27,0
22) Puebla (Puebla)	33,9
23) Querétaro (Querétaro)	11,4
24) Tlaxcala (Tlaxcala)	4,0
25) Campeche (Campeche)	50,8
26) Chiapas (Tuxtla Gutiérrez)	74,2
27) Oaxaca (Oaxaca)	94,0

28) Quintana Roo (Chetumal)	50,2
29) Tabasco (Villahermosa)	25,3
30) Veracruz (Jalapa Enriquez)	71,7
31) Yucatan (Mérida)	38,4
B11) Centramerica (San Salvador)	**770,4**
32) Guatemala (Guatemala)	108,9
33) Belize (Belmopan)	23,0
34) El Salvador (San Salvador)	21,0
35) Honduras (Tegucigalpa)	112,1
36) Nicaragua (Managua)	148,0
37) Costa Rica (San Josè)	51,1
38) Panama (Panama)	77,3
39) Bahama (Nassau)	13,9
40) Cuba (L'Avana)	110,9
41) Haiti (Port-au-Prince)	27,4
42) R. Dominicana (Santo Domingo)	48,4
43) Giamaica (Kingston)	11,0
44) Puerto Rico (San Juan)	9,1
45) Trinidad e Tobago (Port-Of -Spain)	5,1
46) Piccole Antille (Roseau)	3,2

B2) Approfondimento sulle Piccole Antille e sulle Colonie Caraibiche:

Piccole Antille (Roseau)	**3,2**
1) Antigua e Barbuda (Saint John's)	0,4
2) Barbados (Bridgetown)	0,4
3) Dominica (Roseau)	0,8
4) Grenada (Saint George's)	0,3
5) Saint Cristopher e Nevis (Basseterre)	0,3
6) Saint Lucia (Castries)	0,6
7) Saint Vincent e Grenadine (Kingstown)	0,4
Colonie caraibiche	
Anguilla	0,1
Bermuda	0,1
Cayman, Isole	0,3
Guadalupa	1,6
Martinica	1,1
Montserrat, Isola	0,1
Saba	0,0
Saint-Barthélemy	0,0
Saint Martin	0,1
Saint Pierre e Miquelon	0,2
Sint Eustatius	0,0
Turks e Caicos	0,5
Vergini amerikiane, Isole	0,4
Vergini britanniche, Isole	0,2

Riassunto dello Stato

II. Amerikia (Washington); **Lingue**: Inglese, Spagnolo;
Sede della **Borsa**: New York; **Moneta**: Dollaro Amerikiano.
Centro Religioso **Cattolico**: Washington.
Meraviglia Architettonica: Chichén Itzá (Yucatan)
Sistema di **Posizionamento** Satellitare proprio e Globale: Gps
Catepi: 11
Motto: In God We Trust (In Dio noi Confidiamo)
Inno: The Star-Spangled Banner

3. Arcope (Lima)

Bandiera

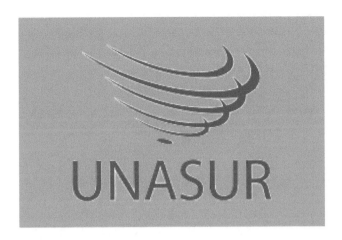

Gli 8 Catepi dell'Arcope

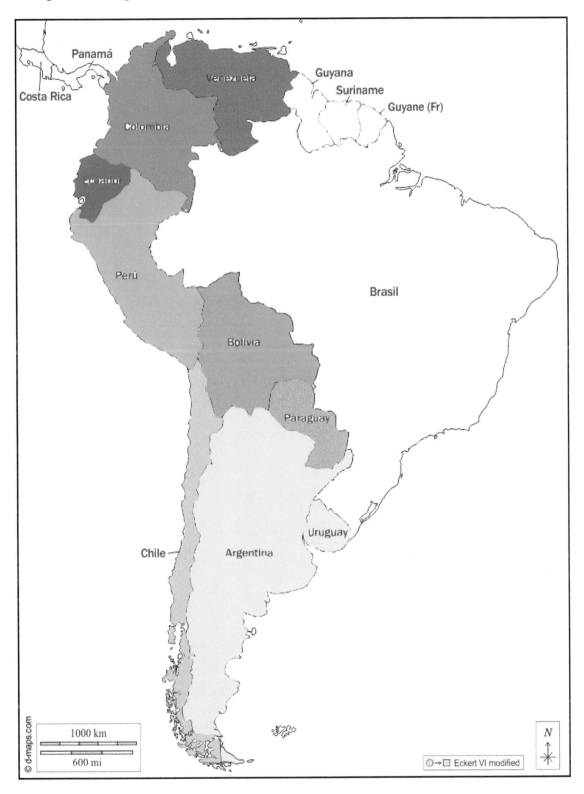

Meraviglia:

Macchu Picchu (Urubamba)

Gli 8 Catepi dell'Arcope: capoluoghi e superficie

Stato, Distr. Fed., Catepe, Stato federato	Superficie
C) Arcope (Lima)	**8.842,0**
C1) Venezuela (Caracas)	**912,0**
C2) Colombia (Bogotà)	**1.141,7**
C3) Ecuador (Quito)	**283,5**
C4) Perù (Lima)	**1.285,2**
C5) Bolivia (Sucre/La Paz)	**1.098,6**
C6) Cile (Santiago)	**756,6**
C7) Paraguay (Asuncion)	**406,8**
C8) Argentina-Uruguay (Buenos Aires)	**2.957,6**
Argentina (Buenos Aires)	2.780,1
Uruguay (Montevideo)	177,5

Riassunto dello Stato

III. Arcope (Lima); **Lingue**: Spagnolo;
Sede della **Borsa**: Buenos Aires; **Moneta**: Peso arcopano;
Centro Religioso **Cattolico**: Bogotà.
Meraviglia Architettonica: Macchu Picchu (Urubamba).
Sistema di **Posizionamento** Satellitare proprio e Globale: Nome da definire.
Catepi: 8.
Motto: Soy del Sur ("Sono del Sud").
Inno:

4. Brasile (Brasilia)

Bandiera

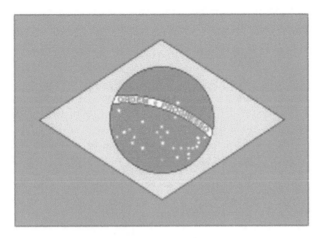

Gli 8 Catepi del Brasile

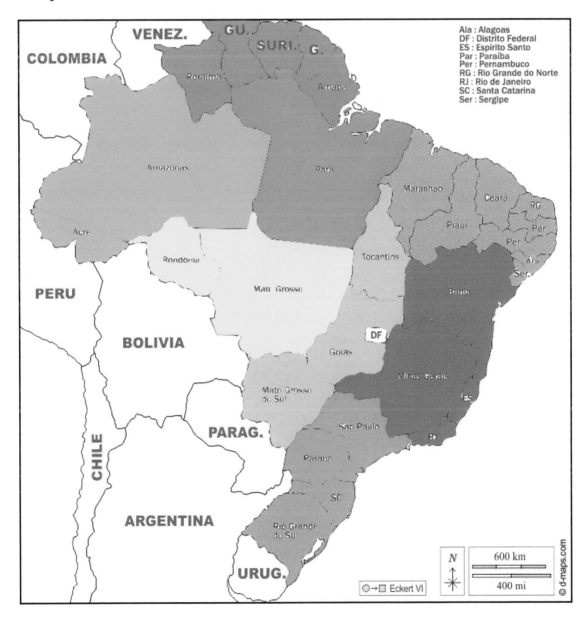

Meraviglia:

Cristo Redentore (Rio de Janeiro, Corcovado)

Gli 8 Catepi del Brasile: capoluoghi e superficie

Stato, Distr. Fed., Catepe, Stato federato	Superficie
D) Brasile	**8.544,2**
Brasilia	**5,8**
D1) Guyane	**830,9**
1) Guyana (Georgetown)	215,0
2) Suriname (Paramaribo)	163,8
3) Guayana (Caienna)	83,5
7) Roraima (Boa Vista)	225,1
9) Amapà (Macapà)	143,5
D2) Noroeste (Manaus)	**1.956,0**
4) Amazonas (Manaus)	1.577,8
6) Acre (Rio Branco)	153,1
D3) Parà (Belem)	**1.396,6**
8) Parà (Belem)	1.253,1
D4) Oeste (Cuiabà)	**1.145,3**
12) Mato Grosso (Cuiabà)	906,8
5) Rondonia (Porto Velho)	238,5
D5) Centro-Oeste (Goiania)	**977,9**
10) Tocantins (Miracema do Tocantins)	278,4
11) Goias (Goiania)	341,3
13) Mato Grosso do Sul (Campo Grande)	358,2
D6) Nordeste (Sao Luìs)	**990,8**
14) Maranhao (Sao Luìs)	333,3
15) Piauì (Teresina)	252,4
16) Cearaà (Fortaleza)	146,3
17) Rio Grande do Norte (Natal)	53,3
18) Paraìba (Joao Pessoa)	56,6
19) Pernambuco (Recife)	98,9
20) Alagoas (Maceiò)	27,9
21) Sergipe (Aracaju)	22,1
D7) Este (Salvador)	**1.201,9**
22) Bahia (Salvador)	567,3
23) Minas Gerais (Belo Horizonte)	588,4
24) Espìrito Santo (Vitòria)	46,2
D8) Sudeste (Sao Paulo)	**869,9**
25) Rio de Janeiro (Rio de Janeiro)	43,9
26) Sao Paulo (Sao Paulo)	248,8
27) Paranà (Curitiba)	199,7
28) Santa Catarina (Florianòpolis)	95,4
29) Rio Grande Do Sul (Pòrto Alegre)	282,1

IV. Brasile (Brasilia); **Lingue**: Portoghese;
Sede della **Borsa**: San Paolo; **Moneta**: Real Brasiliano.
Centro Religioso **Cattolico**: Brasilia.
Meraviglia Architettonica: Cristo Redentore (Rio de Janeiro, Corcovado).
Sistema di **Posizionamento** Satellitare proprio e Globale: Nome da definire.
Catepi: 8.
Motto: Ordem e Progresso ("Ordine e Progresso").
Inno: Hino Nacional Brasileiro

4. Europia (Bruxelles).

Bandiera

Gli 8 Catepi

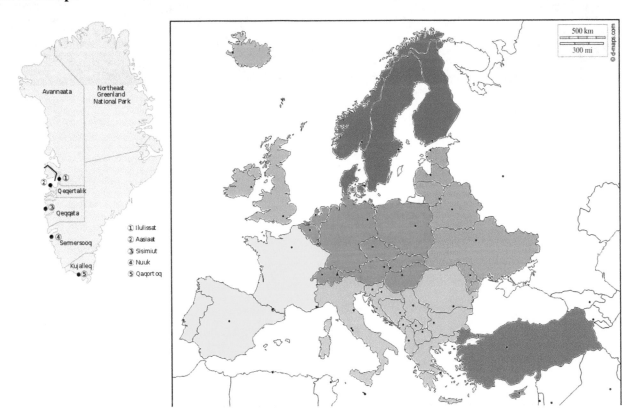

Meraviglia

Colosseo (Roma)

D) Gli 8 Catepi dell'Europia: capoluoghi e superficie

Stato, Distr. Fed., Catepe, Stato federato	Superficie
I) Europa	**8.886,1**
Bruxelles	**"0,2"**
E1) Groenlandia (Godthab)	**2.175,6**
1) Groenlandia (Godthab)	2.175,6
E2) Norden (Copenaghen)	**1.219,6**
3) Norvegia (Oslo)	387,0
4) Svezia (Stoccolma)	450,0
5) Danimarca (Copenaghen)	44,5
6) Finlandia (Helsinki)	338,1
E3) Great Islands (Londra)	**315,1**
7) Gran Bretagna (Londra)	244,8
8) Irlanda (Dublino)	70,3
2) Islanda (Reykjavik)	102,8
E4) Ovest Europa (Andorra La Vella)	**1.124,4**
9) Spagna (Madrid)	497,5
10) Portogallo (Lisbona)	91,2
11) Andorra (Andorra La Vella)	0,4
12) Francia (Parigi)	544,0
13) Monaco (Monaco)	0,0
- Corsica	-8,7
E5) Mitteleuropa (Praga)	**1.090,1**
14) Germania (Berlino)	357,0
15) Belgio (Bruxelles)	30,5
16) Paesi Bassi (Amsterdam)	41,0
17) Lussemburgo (Lussemburgo)	2,6
18) Svizzera (Berna)	41,3
19) Liechtenstein (Vaduz)	0,2
20) Austria (Vienna)	83,9
24) Polonia (Varsavia)	312,7
25) Cekia (Praga)	78,9
26) Slovacchia (Bratislava)	49,0
27) Ungheria (Budapest)	93,0
E6) Est Europa (Minsk)	**1.034,9**
39) Ucraina (Kiev)	603,7
40) Bielorussia (Minsk)	207,6
41) Kaliningrad (Kaliningrad)	15,1
42) Estonia (Tallin)	45,1
43) Lettonia (Riga)	64,5
44) Lituania (Vilnius)	65,2
37) Moldavia (Chisinau)	33,7
E7) Sud Europa (Fiume)	**1.086,2**
21) Italia (Roma)	301,2
22) San Marino (San Marino)	0,1
23) Malta (La Valletta)	0,3

Corsica (Ajaccio)	8,7
36) Romania (Bucarest)	237,5
38) Bulgaria (Sofia)	110,9
28) Slovenia (Lubiana)	20,3
29) Croazia (Zagabria)	56,6
30) Bosnia (Sarajevo)	51,1
31) Serbia (Belgrado)	88,4
32) Montenegro (Podgorica)	13,8
33) Macedonia (Skopje)	25,7
34) Kosovo (Pristina)	10,9
35) Albania (Tirana)	28,7
45) Grecia (Atene)	132,0
E8) Turchia (Ankara)	**788,8**
46) Turchia (Ankara)	779,5
47) Cipro (Nicosia)	9,3

E2) Approfondimento sulle Colonie Europee:

Colonie europee

Åland, Isole (Mariehamn) [Finlandia]	13,5
Azzorre, Isole (Ponta Delgada (Presidenza)	
Angra do Heroísmo (Corte Suprema)	
Horta (Assemblea Legislativa)) [Portogallo]	2,3
Canarie, Isole (Santa Cruz de Tenerife e Las	
Palmas de Gran Canaria) [Spagna]	7,4
Fær Øer, Isole (Tórshavn) [Danimarca]	1,4
Jan Mayen, Isola di (Olonkinbyen)	
[Norvegia]	0,4
Madeira (Funchal) [Portogallo]	0,8
Svalbard, Isole (Longyearbyen) [Norvegia]	61,0

Riassunto dello Stato

V. Europia (Bruxelles); **Lingue**: Womeze;
Sede della **Borsa**: Amsterdam; **Moneta**: Euro.
Centro Religioso **Cattolico**: Roma.
Meraviglia Architettonica: Colosseo (Roma).
Sistema di **Posizionamento** Satellitare proprio e Globale: Galileo.
Catepi: 8.
Motto: Unità nella diversità.
Inno: Inno alla gioia *(di Beethoven)*.

5. Arabia (Il Cairo)

Bandiera:

8 Catepi più l'Algeria bicatepale

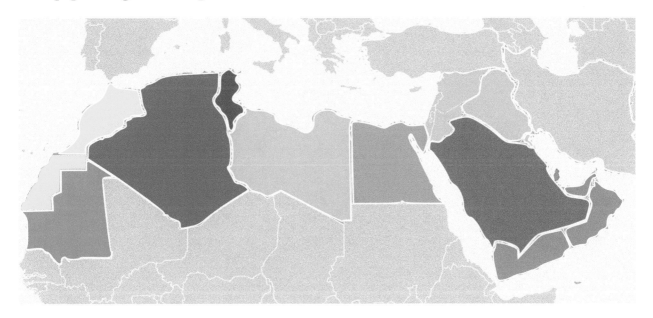

I 2 Catepi dell'Algeria:

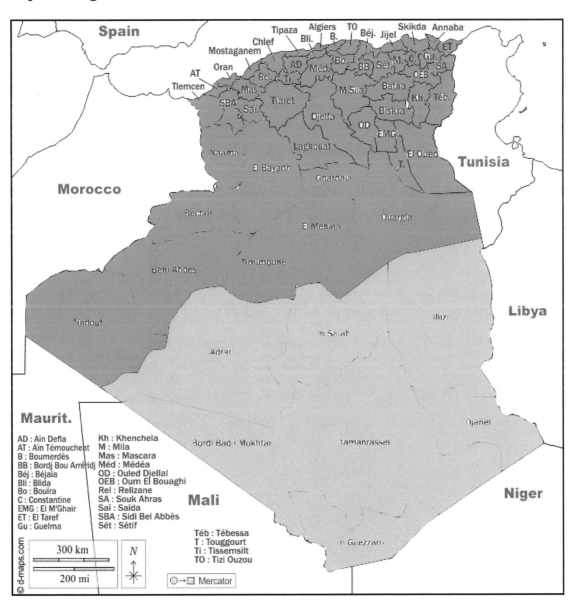

AD : Aïn Defla
AT : Aïn Témouchent
B : Boumerdès
BB : Bordj Bou Arréridj
Béj : Béjaïa
Bli : Blida
Bo : Bouira
C : Constantine
EMG : El M'Ghair
ET : El Taref
Gu : Guelma

Kh : Khenchela
M : Mila
Mas : Mascara
Méd : Médéa
OD : Ouled Djellal
OEB : Oum El Bouaghi
Rel : Relizane
SA : Souk Ahras
Saï : Saïda
SBA : Sidi Bel Abbès
Sét : Sétif

Téb : Tébessa
T : Touggourt
Ti : Tissemsilt
TO : Tizi Ouzou

Meraviglia:

Petra (Giordania)

11 Catepi dell'Arabia: capoluoghi e superficie

Stato, Distr. Fed., Catepe, Stato federato	Superficie
E) Arabia (Il Cairo)	**10.763,6**
E1) Mezzaluna Fertile (Baghdad)	**775,5**
1) Giordania (Amman)	97,7
2) Israele (Tel Aviv)	20,7
3) Palestina (Ramallah)	6,2
4) Libano (Beirut)	10,4
5) Siria (Damasco)	185,2
6) Iraq (Baghdad)	437,5
7) Kuwait (Al Kuwait)	17,8
E2) Arabia Saudita (Riyadh)	**2.153,2**
8) Arabia Saudita (Riyadh)	2.153,2
E3) Sud Arabia (Mascate)	**787,2**
9) Qatar (Doha)	11,4
10) Bahrein (Manama)	0,7
11) Yemen (San'a)	479,0
12) Oman (Mascate)	212,5
13) Emirati Arabi Uniti (Abu Dhabi)	83,6
E4) Grande Marocco (Rabat)	**710,8**
1) Marocco (Rabat)	458,7
2) Sahara Occidentale (El Aaiùn)	252,1
Algeria (Algeri)	*2.381,7*
E5) Sud Algeria (Tamanrasset)	**1.668,9**
Adrar	402,2
In Salah	131,2
Illizi	285,0
Bordj Baji Mokhtar	120,0
Tamanrasset	556,2
Djanet	86,2
In Guezzam	88,1
E6) Nord Algeria (Algeri)	**712,8**
E7) Tunisia (Tunisi)	**163,6**
4) Tunisia (Tunisi)	163,6
E8) Libia (Tripoli)	**1.759,5**
1) Libia (Tripoli)	1.759,5
E9) Egitto (Il Cairo)	**1.001,4**
2) Egitto (Il Cairo)	1.001,4
E10) Mauritania (Nouakchott)	**1.030,7**
5) Mauritania (Nouakchott)	1.030,7

Riassunto dello Stato

VI. Arabia (Il Cairo); **Lingue**: Arabo;
Sede della **Borsa:** Rabat; **moneta**: Dinaro arabo.
Centro Religioso **Cattolico**: Gerusalemme.
Meraviglia Architettonica: Petra (Giordania)
Sistema di **Posizionamento** Satellitare proprio e Globale: –
Catepi: 10.
Motto:
Inno:

6. Centro Africa (Abuja)

Bandiera

Gli 11 Catepi:

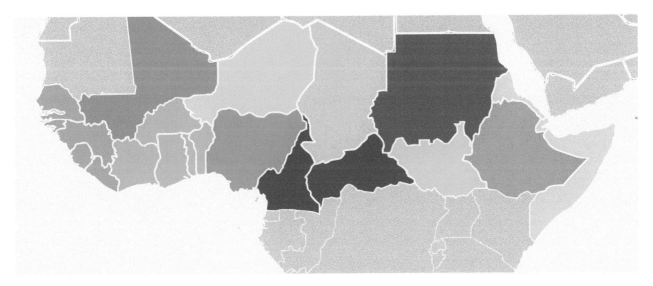

Meraviglia

Moschea Djinguereber (Timbuctù)

Gli 11 Catepi del Centro Africa: capoluoghi e superficie

Stato, Distr. Fed., Catepe, Stato federato	Superficie
G) Centro Africa (Abuja)	**11.883,5**
G1) Mali (Bamako)	**1.240,1**
6) Mali (Bamako)	1.240,1
G2) Niger (Niamey)	**1.267,0**
7) Niger (Niamey)	1.267,0
G3) Ovest Guinea (Conakry)	**677,1**
8) Senegal (Dakar)	196,7
9) Gambia (Banjul)	11,3
10) Guinea-Bissau (Bissau)	36,1
11) Capo Verde (Praia)	4,0
12) Guinea (Conakry)	245,9
13) Sierra Leone (Freetown)	71,7
14) Liberia (Monrovia)	111,4
G4) Est Guinea (Accra)	**1.004,6**
15) Costa d'Avorio (Yamaussoukro)	322,5
16) Burkina Faso (Ouagadougou)	274,2
17) Ghana (Accra)	238,5
18) Togo (Lomé)	56,8
19) Benin (Porto-Novo)	112,6
G5) Nigeria (Abuja)	**923,8**
20) Nigeria (Abuja)	923,8
G6) Centrafrica (Bangui)	**1.098,4**
3) Camerun (Yaoundé)	475,4
4) Centrafrica (Bangui)	623,0
G7) Ciad (N'djamena)	**1.284,0**
5) Ciad (N'djamena)	1.284,0
G8) Sudan (Khartoum)	**1.886,1**
6) Sudan (Khartoum)	1.886,1
G9) Sudan del Sud (Giuba)	**619,7**
7) Sudan del Sud (Giuba)	619,7
G10) Etiopia (Adiss Abeba)	**1.100,7**
8) Etiopia (Adiss Abeba)	1.100,7
G11) Somalia-Eritrea (Gibuti)	**782,0**
1) Somalia (Mogadiscio)	637,7
9) Eritrea (Asmara)	121,1
10) Gibuti (Gibuti)	23,2

VII. Centro Africa (Abuja); **Lingue**: Womeze;
Sede della **Borsa**: Khartoum; **Moneta**: Centr-Afro.
Centro Religioso **Cattolico**: Accra.
Meraviglia Architettonica: Moschea Djinguereber (Timbuctù)
Sistema di **Posizionamento** Satellitare proprio e Globale: –
Catepi: 11.
Motto:
Inno:

7. Sudafrica (Gaborone)

Bandiera

11 Catepi:

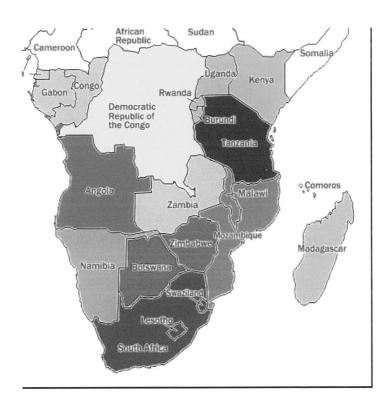

Meraviglia

Grande Zimbabwe (Zimbabwe)

H) I 12 Catepi del Sud Africa: capoluoghi e supericie

Stato, Distr. Fed., Catepe, Stato federato	Superficie
H) Sud Africa (Gaborone)	**11.390,5**
H1) Grande Congo (Libreville)	**638,8**
1) Congo (Brazzaville)	342,0
2) Gabon (Libreville)	267,7
3) Guinea Equatoriale (Malabo)	28,1
4) São Tomé e Príncipe	1,0
H2) Zaire (ora Congo 2) (Kinshasa)	**2.344,9**
Zaire (Kinshasa)	2.344,9
H3) Kenya-Uganda (Nairobi)	**817,3**
6) Kenya (Nairobi)	580,4
7) Uganda (Kampala)	236,9
H4) Grande Tanzania (Dodoma)	**993,6**
21) Tanzania (Dodoma)	939,5
9) Ruanda (Kigali)	26,3
10) Burundi (Bujumbura)	27,8
H5) Angola (Luanda)	**1.246,7**
11) Angola (Luanda)	1.246,7
H6) Zambia (Lusaka)	**752,6**
12) Zambia (Lusaka)	752,6
H7) Grande Mozambico (Maputo)	**917,8**
13) Mozambico (Maputo)	799,3
14) Malawi (Lilongwe)	118,5
H8) Grande Madagascar (Antananarivo)	**591,3**
15) Madagascar (Antananarivo)	587,0
16) Comase (Port Louis)	4,3
H9) Namibia (Windhoek)	**824,2**
17) Namibia (Windhoek)	824,2
H10) Zimbwana (Harare)	**990,9**
18) Botswana (Gaborone)	600,3
19) Zimbabwe (Harare)	390,6
H11) Grande Sudafrica (Bloemfontein)	**1.272,4**
20) Sudafrica (Pretoria)	1.224,6
21) Lesotho (Maseru)	30,4
22) Swaziland (Mbabane)	17,4

VIII. Sud Africa (Gaborone); **Lingue**: Swahili;
Sede della **Borsa**: Johannesburg; **Moneta** Sud-Afro.
Centro Religioso **Cattolico**: Kibeho.
Meraviglia Architettonica: Grande Zimbabwe (Zimbabwe).
Sistema di **Posizionamento** Satellitare proprio e Globale: –
Catepi: 11.
Motto:
Inno:

8. Russia (Mosca)

Bandiera

Gli 11 Catepi

Meraviglia

Cremlino e Piazza Rossa (Mosca)

E) Gli 11 Catepi della Russia: capoluoghi e superficie

Stato, Distr. Fed., Catepe, Stato federato	Superficie
V) Russia	**17.168,4**
Mosca	
1) Nord-Ovest Russia (San Pietroburgo)	**1.677,9**
Kaliningrad *(Kaliningrad)*	15,1
1) Murmansk *(Murmansk)*	144,9
2) Carelia *(Petrozavodsk)*	172,4
3) Leningrado *(San Pietroburgo)*	85,9
4) San Pietroburgo	
5) Pskov *(Pskov)*	55,3
6) Novgorod *(Novgorod)*	55,3
7) Vologda *(Vologda)*	145,7
41) Arcangelo *(Arcangelo)*	587,4
42) "Nenechia" *(Narjan-Mar)*	"176,7"
43) Comia *(Syktyvkar)*	415,9
2) Ovest Russia (Mosca)	**1.242,0**
8) Tver *(Tver)*	84,1
9) Jaroslavl *(Jaroslavl)*	36,4
10) Kostroma *(Kostroma)*	60,1
11) Smolensk *(Smolensk)*	49,8
12) Ivanovo *(Ivanovo)*	23,9
13) Brjansk *(Brjansk)*	34,9
14) Kaluga *(Kaluga)*	29,9
15) Mosca *(**Mosca**)*	47,0
16) Tula *(Tula)*	25,7
17) Rjazan *(Rjazan)*	39,6
18) Vladimir *(Vladimir)*	29,0
19) Orel (Orel)	24,7
20) Kursk *(Kursk)*	29,8
21) Belgorod *(Belgorod)*	27,1
22) Voronez *(Voronez)*	52,4
23) Lipeck *(Lipeck)*	24,1
24) Tambov *(Tambov)*	34,3
25) Volgograd *(Volgograd)*	113,9
26) Rostov *(Rostov-na-Donu)*	100,8
27) Calmucchia *(Elista)*	76,1
28) Astrahan *(Astrahan)*	44,1
29) Krasnodar *(Krasnodar)*	76,0
30) Adigezia *(Majkop)*	7,6
31) Stavropol *(Stavropol)*	66,5
32) Karachajevo-Cerkessia *(Cerkessk)*	14,1
33) Cabardino-Balcaria *(Nalcik)*	12,5
34) Ossezia Settentrionale *(Vladikavkaz)*	8,0
35) Inguscezia *(Nazran)*	19,3
36) "Cecenia" *(Grozny)*	
37) Dagestan *(Mahackala)*	50,3
38) Armenia *(Yerevan)*	29,8
39) Azerbaigian *(Baku)*	86,6
40) Georgia *(Tbilisi)*	69,7

3) Centro-Ovest Russia (Jekaterininburg)	**1.389,6**
44) Nizegorod *(Nizni Novgorod)*	74,8
45) Mordvinia *(Saransk)*	26,2
46) Penza *(Penza)*	43,2
47) Saratov *(Saratov)*	100,2
48) Samara *(Samara)*	53,6
49) Ulijanovsk *(Simbirsk)*	37,3
50) Kirov *(Kirov= Vjatka)*	120,8
51) Perm *(Perm)*	160,6
52) "Komo-Permiacchia" (Kudymkar)	"32,9"
53) Udmurtia *(Izhevsk)*	42,1
54) Ciuvascia *(Ceboksary)*	18,3
55) Mari El *(Joskar-Ola)*	23,2
56) Tatarstan *(Kazan)*	68,0
57) Baschiria *(Ufa)*	143,6
58) Orenburg *(Orenburg)*	124,0
59) Celjabinsk *(Celjabinsk)*	87,9
60) Sverdlovsk *(Jekaterinburg)*	194,8
61) Kurgan *(Kurgan)*	71,0
4) Tjumen *(Tjumen)*	**1.435,2**
62) Tjumen *(Tjumen)*	1.435,2
63) "Hanty-Mansia" *(Hanty-Mansijsk)*	"523,1"
64) "Jamalo-Nenechia" *(Salehard)*	"750,3"
5) Est Russia *(Novosibirsk)*	**1.224,4**
65) Omsk *(Omsk)*	139,7
66) Tomsk *(Tomsk)*	316,9
67) Novosibirsk *(Novosibirsk)*	178,2
68) Altaj *(Barnaul)*	169,1
69) Kemerovo *(Kemerovo)*	95,5
70) Altaja *(Gorno-Altajsk)*	92,6
71) Hakassia *(Abakan)*	61,9
72) Tuva *(Kyzyl)*	170,5
6) Krasnojarsk *(Krasnojarsk)*	**2.339,7**
73) Krasnojarsk *(Krasnojarsk)*	2.339,7
74) "Tajmyr" (Dudinka)	"862,1"
75) "Evenkia" (Tura)	"767,6"
7-8) Jacuzia-Sakha (Jakutsk)	*3.103,2*
7) Nord Sakha *(Batagaj)*	**1.567,7**
8) Sud Sakha *(Jakutsk)*	**1.535,3**
9) Irkutsk (Irkutsk)	**1.550,7**
2) Irkutsk *(Irkutsk)*	767,9
3) "Ust Orda" *(Ust Ordynski)*	"22,4"
4) Buriatia *(Ulan Ude)*	351,3
5) Transbajkalia (***Chita)***	431,5
6) "Aga Buriatia" *(Aginskoje)*	"19,0"
10) Sud-Est Siberia (Khabarovsk)	**1.441,3**
7) Amur *(Blagovescensk)*	363,7
8) Ebreia *(Birobidzan)*	36,0
9) Khabarovsk (Khabarovsk)	788,6
10) Primorje *(Vladivostok)*	165,9
11) Sahalin *(Juzno-Sahalinsk)*	87,1

11) Kamchadan (Magadan)	**1.671,4**
12) Kamchatka *(Petropavlovsk-Kamchatski)*	472,3
13) "Coriacchia" *(Palana)*	"301,5"
14) Magadan *(Magadan)*	461,4
15) Ciukcia *(Anadyr)*	737,7

E2) Approfondimento sulla divisione della Sakha:

E11) Nord Sakha (Batagaj)	**1.602,1**
Anabarskij (Saskylach)	55,6
Olenëkskij (Olenëk)	314,6
Ėveno-Bytantajskij (Batagaj-Alyta)	52,5
Bulunskij (Tiksi)	223,6
Žiganskij (Žigansk)	140,2
Momskij (Chonuu)	104,6
Verchnekolymskij (Zyrjanka)	67,8
Srednekolymskij (Srednekolymsk)	125,2
Nižnekolymskij (Čerskij)	86,8
Allaichovskij (Čokurdach)	107,4
Abyjskij (Belaja Gora)	69,4
Ust'-Janskij (Deputatskij)	120,3
Verchojanskij (Batagaj)	134,1
E12) Sud Sakha (Jakutsk)	**1.501,0**
Viljujskij (Viljujsk)	53,7
Verchneviljujskij (Verchneviljujsk)	67,6
Njurbinskij (Njurba)	52,4
Suntarskij (Suntar)	57,8
Lenskij (Lensk)	76,9
Mirninskij (Mirnyj)	165,8
Namskij (Namcy)	11,9
Ust'-Aldanskij (Borogoncy)	18,3
Tattinskij (Ytyk-Kjuël')	19,0
Čurapčinskij (Čurapča)	12,8
Megino-Kangalasskij (Nižnij Bestjach)	11,2
Distretto urbano della capitale Jakutsk	0,1
Changalasskij (Pokrovsk)	24,7
Amginskij (Amga)	29,4
Gornyj (Berdigestjach)	45,6
Ust'-Majskij (Ust'-Maja)	95,3
Tomponskij (Chandyga)	135,8
Ojmjakonskij (Ust'-Nera)	92,2
Kobjajskij (Sangar)	107,8
Olëkminskij (Olëkminsk)	166,7
Nerjungrinskij (Nerjungri)	98,9
Aldanskij (Aldan)	157,0

Riassunto dello Stato

VIII. Russia (Mosca); **Lingue**: Russo;
Sede della **Borsa**: Mosca; **Moneta**: Rublo.
Centro Religioso **Ortodosso**: Mosca.
Meraviglia Architettonica: Cremlino e Piazza Rossa (Mosca).
Sistema di **Posizionamento** Satellitare proprio e Globale: Glonass.
Catepi: 11.
Motto:
Inno: L'inno di Stato della Federazione Russa.

9. Estremo Oriente (Pechino)

Bandiera

Gli 11 Catepi

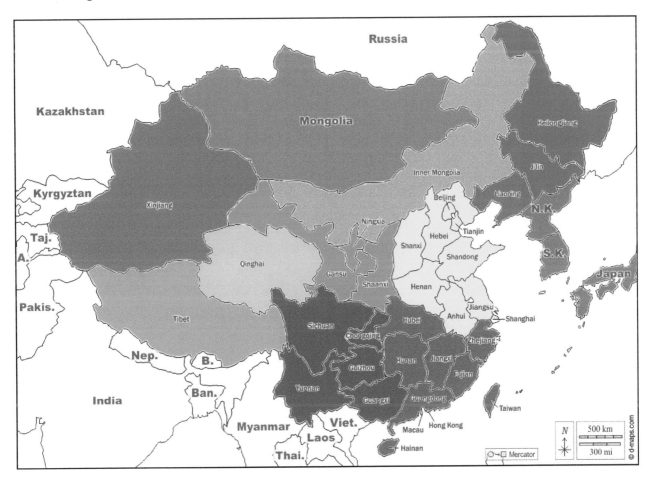

Meraviglia

Grande Muraglia Cinese

Catepi della Cina (o Estremo Oriente): capoluoghi e superficie

I) Gli 11 Catepi dell'Estremo Oriente:

Stato, Distr. Fed., Catepe, Stato federato	Superficie
I) Estremo Oriente (Pechino)	**11.654,1**
Pechino	**16,8**
I1) Sinkiang Uighur (Urumchi)	**1.600,0**
1) Sinkiang Uighur (Urumchi)	1.600,0
I2) Tsinghai (Sining)	**721,5**
2) Tsinghai (Sining)	721,5
I3) Nord-Ovest Cina (Lanchow)	**725,6**
3) Shensi (Sian)	205,6
4) Kansu (Lanchow)	454,0
5) Ningsia Hui (Ningsia)	66,0
I4) Tibet (Lhasa)	**1.200,0**
6) Tibet (Lhasa)	1.200,0
I5) Sud-Ovest Cina (Kweiyang)	**1.140,3**
7) Szechwan (Chengtu)	488,0
8) Chongqing (Chongqing)	82,0
9) Yunnan (Kunming)	394,0
10) Kweichow (Kweiyang)	176,3
I6) Centro-Sud Cina (Chengchow)I	**1.172,6**
11) Hunan (Changsha)	210,0
12) Kwangsi-Chuang (Nanning)	230,0
13) Hainan (Hoihow)	34,0
14) Kiangsi (Nanchang)	166,6
15) Kwangtung (Canton)	178,0
16) Hong Kong (Hong Kong)	1,1
17) Macao (Macao)	0,0
18) Honan (Chengchow)	167,0
19) Hupeh (Wuhan)	185,9
20) Fukien (Foochow)	120,0
21) Taiwan (Taipei)	36,0
I7) Est Cina (Tientsin)	**854,4**
22) Anhwei (Hofei)	139,9
23) Kiangsu (Nanchino)	100,0
24) Shangai (Shangai)	6,2
25) Chekiang (Hangchow)	100,0
26) Shantung (Tsinan)	153,3
27) Shansi (Taiyuan)	156,0
28) Hopeh (Shihkiachwang)	187,7
29) Tientsin (Tientsin)	11,3
I8) Mongolia Interna (Huhehot)	**1.200,0**
30) Mongolia Interna (Huhehot)	1.200,0
I9) Manciuria (Changchun)	**786,4**

31) Heilungkiang (Harbin)	453,3
32) Kirin (Changchun)	187,4
33) Liaoning (Shenyang)	145,7
I10) Nippo-Corea (Tokyo)	**592,0**
34) Corea del Nord (Pyongyang)	120,5
35) Corea del Sud (Seoul)	98,8
36) Giappone (Tokio)	372,7
I11) Mongolia (Ulan Bator)	**1.566,5**
16) Mongolia (Ulan Bator)	1.566,5

Riassunto dello Stato

IX. Estremo Oriente o Cina (Pechino); **Lingue**: Cinese, Giapponese;
Sede della **Borsa**: Tokyo; **Moneta**: Yuan / Renminbi.
Centro Religioso **Cattolico**: Namyangju (in Corea, sede di Santuario Mariano).
Meraviglia Architettonica: Grande Muraglia Cinese.
Sistema di Posizionamento Satellitare proprio e Globale: Compass / Beidou.
Catepi: 11 (9+2).
Motto:
Inno: Marcia dei Volontari

10. Centro Sud-Asia (New Delhi)

Bandiera

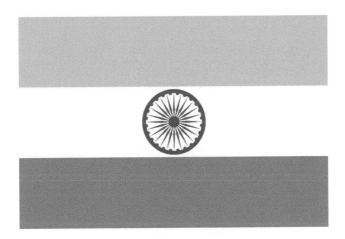

6 Catepi più l'India tricatepale e il Kazakistan bicatepale.

L'India tricatepale

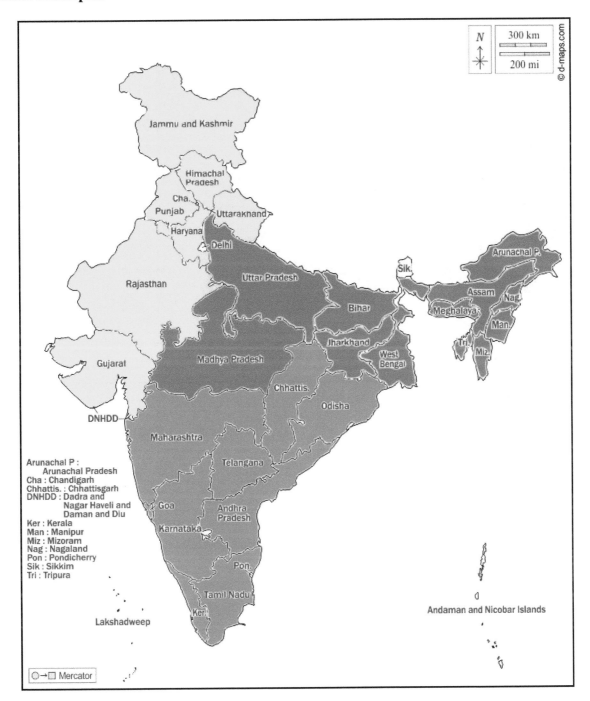

Arunachal P :
    Arunachal Pradesh
Cha : Chandigarh
Chhattis. : Chhattisgarh
DNHDD : Dadra and
    Nagar Haveli and
    Daman and Diu
Ker : Kerala
Man : Manipur
Miz : Mizoram
Nag : Nagaland
Pon : Pondicherry
Sik : Sikkim
Tri : Tripura

Il Kazakistan bicatepale

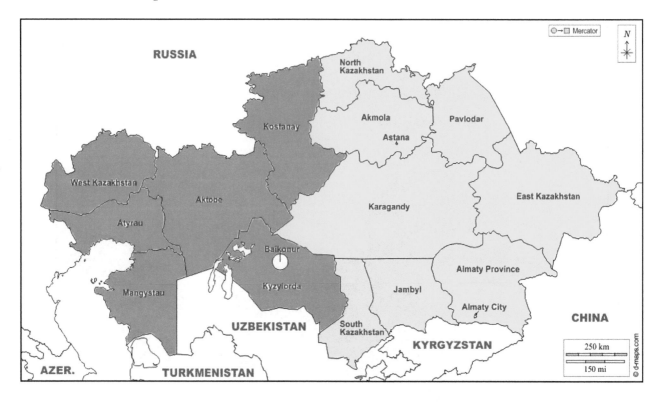

Meraviglia

Taj Mahal (Agra)

J) Gli 11 Catepi del Centro-Sud Asia: capoluoghi e superficie

Stato, Distr. Fed., Catepe, Stato federato	Superficie
J) Centro-Sud Asia (New Delhi)	**10.872,6**
J1) Iran (Teheran)	**1.643,8**
14) Iran (Teheran)	1.643,8
Kazakistan (Nur-Sultan)	*2.717,3*
J2) Ovest Kazakistan (Aqtöbe)	**1.158,2**
Bajkonur (città)	0,1
Ovest Kazakistan	151,3
Atyrau	118,6
Mangghystau	165,6
Aqtöbe	300,6
Qostanay	196,0
Qyzylorda	226,0
J3) Est Kazakistan (Nur-Sultan)	**1.566,6**
Nur-Sultan (capitale)	0,7
Almaty (città)	0,3
Karaganda	428,0
Sud Kazakistan	117,2
Žambyl	144,3
Almaty	223,9
Aqmola	146,2
Nord Kazakistan	98,0
Pavlodar	124,8
Est Kazakistan	283,2
J4) Centrasia (Samarcanda)	**1.277,1**
16) Uzbekistan (Taskent)	447,4
17) Turkmenistan (Aschabad)	488,1
18) Kirghizistan (Biskek)	198,5
19) Tagikistan (Dusambe)	143,1
J5) Afghanistan (Kabul)	**650,0**
1) Afghanistan (Kabul)	650,0
J6) Pakistan (Islamabad)	**796,1**
2) Pakistan (Islamabad)	796,1
India(New Delhi)	
J7) Nord India (New Delhi)	**964,3**
J8) Nord-Est India (Kolkata / Calcutta)	**1.405,8**
J9) Sud India (Bangalore)	**1.313,3**
J10) Ovest Indocina (Bangkok)	**1.189,6**
12) Myanmar (Naypyidaw)	676,5
13) Thailandia (Bangkok)	513,1
J11) Est Indocina (Hanoi)	**749,5**
14) Laos (Vientiane)	236,8
15) Cambogia (Phnom Penh)	181,0
16) Vietnam (Hanoi)	331,7

J2) Approfondimento sull'India:
(in corsivo gli Stati attualmente indipendenti)

India	**3.684,9**
New Delhi	**1,5**
J7) Nord-Ovest India (New Delhi)	**964,3**
Gujarat	196,0
Rajasthan	342,2
Haryana	44,2
Chandigar	0,1
Punjab	50,4
Himachal Pradesh	55,7
Jammu e Kashmir	222,2
Uttaranchal	53,5
J8) Nord-Est India (Kolkata / Calcutta)	**1.405,8**
Uttar Pradesh	240,9
Madhya Pradesh	308,3
Bihar	94,2
Jharkhand	79,7
Bengala Occidentale	88,8
Nepal (Katmandu)	*140,8*
Bangladesh (Dacca)	*144,0*
Buthan (Thimphu)	*47,0*
Sikkim	7,1
Meghalaya	22,4
Assam	78,4
Arunachal Pradesh	83,7
Nagaland	16,6
Manipur	22,3
Mizoram	21,1
Tripura	10,5
J9) Sud India (Mumbai / Bombay)	**1.313,3**
Orissa	155,7
Chhatisgarh	135,2
Maharashtra	307,7
Daman e Diu	0,1
Dadra e Nagar Haveli	0,5
Goa	3,7
Karnataka	191,8
Lakshadweep	0,0
Kerala	38,9
Andhra Pradesh	160,2
Telangana	114,8
Tamil Nadu	130,1
Pondicherry	0,5
Andamane e Nicobare	8,2
Maldive (Male)	*0,3*
Sri Lanka (Jayawardenapura Kotte)	*65,6*

Riassunto dello Stato

XI. Centro-Sud Asia (New Dehi); **Lingue**: Hindi:
Sede della **Borsa**: Bangkok; **Moneta**: Rupia Asiatica.
Centro Religioso **Cattolico**: Teheran.
Meraviglia Architettonica: Taj Mahal (Agra)
Sistema di **Posizionamento** Satellitare proprio e Globale: IRNSS / NavIC.
Catepi: 11.
Motto:
Inno:

12. Oceania (Canberra)

Bandiera

6 Catepi su 10

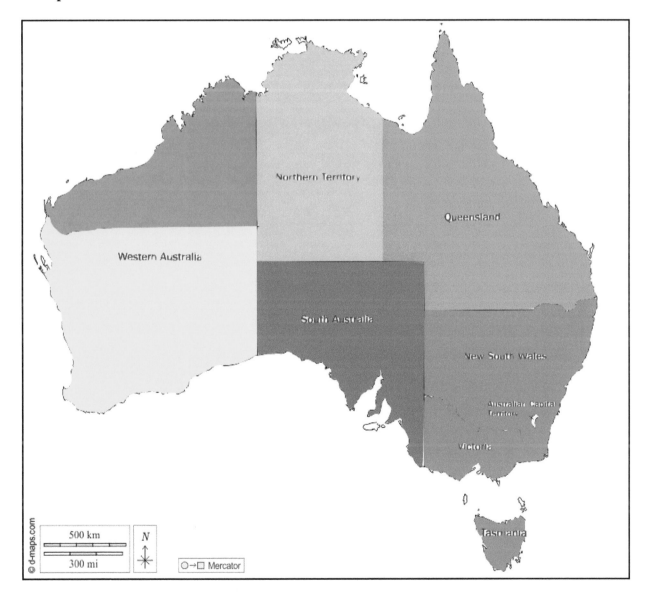

Meraviglia

Teatro dell'Opera di Sidney (Sidney)

Catepi dell'Oceania: capoluoghi e superficie

Stato, Distr. Fed., Catepe, Stato federato	Superficie
1) Australia	**11.101,9**
Canberra	**2,4**
Australia Occidentale (Perth)	*2.525,5*
K1) Nord-Ovest Australia (Karratha)	**932,4**
Kimberley (Broome)	424,5
Pilbara (Karratha)	507,9
K2) Sud-Ovest Australia (Perth)	**1.618,1**
Perth	6,4
Gascoyne (Carnarvon)	137,9
Mid West (Geraldton)	478,0
Goldfields-Esperance (Kalgoorlie)	771,3
Wheatbelt (Northam)	154,9
Peel (Mandurah)	6,6
South West (Bunbury)	24,0
Great Southern (Albany)	39,0
K3) Territorio del Nord (Darwin)	**1.346,2**
2) Territorio del Nord (Darwin)	1.346,2
K4) Sud Australia (Adelaide)	**984,0**
3) Australia Meridionale (Adelaide)	984,0
K5) Queensland (Brisbane)	**1.727,2**
4) Queensland (Brisbane)	1.727,2
K6) Sud-Est Australia (Sidney)	**1.097,0**
5) Nuovo Galles del Sud (Sydney)	801,6
6) Victoria (Melbourne)	227,6
7) Tasmania (Hobart)	67,8
K7) Nuova Zelanda (Wellington)	**269,1**
8) Nuova Zelanda (Wellington)	269,1
K8) Oceania (Port Moresby)	**991,9**
9) Irian Occidentale (Jayapura)	422,0
10) Papua Nuova Guinea (Port Moresby)	462,8
11) Figi (Suva)	18,2
12) Salomone (Honiara)	28,4
13) Vanuatu (Port-Vila)	14,7
14) Hawaii (Honolulu)	16,8
15) Nuova Caledonia (Nouméa)	19,1
16) Polinesia Francese (Tahiti)	4,1
17) Piccola Oceania (Apia)	5,8
K9) Insulindia (Bandar Seri Begawan)	**636,1**
17) Filippine (Manila)	300,0

18) Malaysia (Kuala Lumpur)	329,7
19) Singapore (Singapore)	0,6
20) Brunei (Bandar Seri Begawan)	5,8
K10) Indonesia (Giacarta)	**1.497,5**
21) Indonesia (Giacarta)	1.482,6
22) Timor Est (Dili)	14,9

G2) Approfondimento sulla Piccola Oceania:

VI) Oceania

Piccola Oceania (Apia)	**5,8**
8) Kiribati (Bairiki)	0,9
9) Marshall (Majuro)	0,2
10) Micronesia (Palikir)	0,7
11) Nauru	0,0
12) Palau (Melekeok)	0,5
13) Samoa (Apia)	2,8
14) Tonga (Nuku'alofa)	0,7
15) Tuvalu (Vaiaku)	0,0

G3) Colonie del Pacifico:

Colonie del Pacifico

Clipperton	0,0
Cook	0,2
Guam	0,5
Macquarie	0,1
Marianne settentrionali	0,5
Midway	0,0
Niue	0,2
Norfolk	0,0
Pitcairn	0,0
Samoa Americane	0,2
Tokelau	0,0
Wallis e Futuna	0,3
Wake	0,0

XII. Oceania o Insulindia-Oceania (Canberra); **Lingue**: Inglese, Indonesiano.
Sede della **Borsa**: Singapore; **Moneta**: Dollaro Oceanico.
Centro Religioso **Cattolico**: Manila.
Meraviglia Architettonica: Teatro dell'Opera di Sidney (Sidney)
Sistema di **Posizionamento** Satellitare proprio e Globale: –
Catepi: 11.
Motto:
Inno: Advance Australia Fair (= Incedi Bella Australia).

Confederazione Terrestre

Bandiera

12 Stati

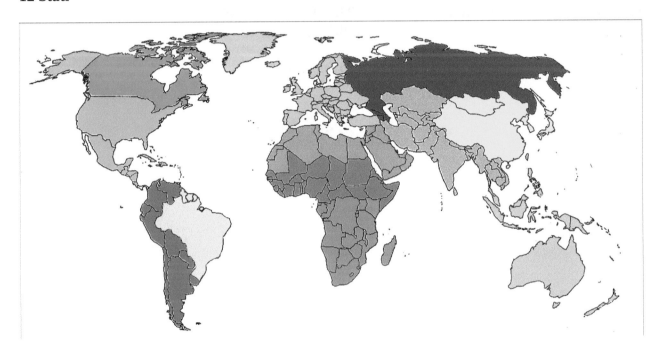

Elenco Sintetico dei 12 Soggetti, dell'Antartide, del Vaticano e della Confederazione Terrestre

Stato (Capitale)	Superficie	Catepi	Popolazione
1) Canada (Ottawa)	9.970,2	10	37,5
2) Amerikia (Washington)	12.085,1	11	541,5
3) Sud America (Lima)	8.842,0	8	206,5
4) Brasile (Brasilia)	8.544,2	8	217,0
5) Europia (Bruxelles)	8.886,1	8	721,6
6) Arabia (Il Cairo)	11.552,4	10	440,8
7) Centro Africa (Abuja)	11.883,5	11	629,2
8) Sud Africa (Gaborone)	11.390,5	11	482,5
9) Russia (Mosca)	17.060,3	11	162,9
10) Centro-Sud Asia (New Delhi)	12.708,4	11	2.265,3
11) Estremo Oriente (Pechino)	11.732,1	11	1.618,7
12) Oceania (Canberra)	11.076,9	10	457,8
A) Antartide	14.000,0		
B) Vaticano	0,0		
Pianeta Terra senza Antartide	**135.731,7**	**120**	**7.781,3**
Pianeta Terra	**149.731,7**		

I dati sulla popolazione sono un po' datati e solo indicativi.

Ringraziamenti

Ringrazio il Signore e la Madonna che "danno successo a tutte le mie imprese" (vedi Isaia 26,12) per avermi permesso di completare questo ulteriore saggio.

Ringrazio quanti mi vogliono bene, quanti mi seguono su internet e tutti i miei lettori attuali e futuri.

Buon Futuro nel Mondo con Gesù, Giuseppe e Maria,
Michele

Bibliografia

Alibrandi Luigi e Piermaria Corso
Codice penale e di procedura penale – e leggi complementari, Piacenza: La Tribuna Srl, 2019, ISBN: 978-88-291-0193-1

Bellomo, Manlio
Società e istituzioni – dal Medioevo agli inizi dell'Età Moderna, Roma: Il Cigno Galileo Galilei, 1989

Benedetto XVI
Caritas in Veritate – presentazione e introduzione di Mons. Ettore Malnati, Città del Vaticano: Libreria Editrice Vaticana, 2009, ISBN: 978-88-209-8310-9

Borella, Andrea
Gli Amish, Milano: Xenia Edizioni e Servizi S.r.l., 2009: ISBN: 978-88-7273-640-1

Goldsmith Edward e Jerry Mander
Processo alla Globalizzazione – Prefazione di Serge Latouche, traduzione di Giuseppe Giaccio, Alessandro Michelucci, Caterina Zarelli, Bologna: Arianna Editrice, 2003. ISBN: 88-87307-27-X

Guglielmino, Michele
Aggiunte al Mondo Futuro Mariano ed Europia Cristiana, Morrisville (USA): Lulu, 2020, ISBN: 978-1-71684-194-2

Guglielmino, Michele
Gea Cristiana – 70 Stati e 126 Catepi per un'Umanità migliore, Morrisville (USA): Lulu, 2022, ISBN: 978-1-4716-1465-1

Guglielmino, Michele
Gea Futura Cristiano-Mariana, Morrisville (USA): Lulu, 2022, ISBN: 978-1-4710-0667-8

Guglielmino, Michele
Le mie 8 utopie "Europia" – L'ottuplice via per la felicità europiana, Morrisville (USA): Lulu, 2022, ISBN: 978-1-4710-5500-3

Guglielmino, Michele
Mondo Futuro Cristiano – Un progetto federal-pacifista cristiano, Morrisville (USA): Lulu, 2021, ISBN: 978-1-105-77092-0

Guglielmino, Michele
Mondo Futuro Mariano – Un progetto pacifista mariano duplice, Morrisville (USA): Lulu, 2019, ISBN: 978-0-244-23025-8

Guglielmino, Michele
Terra Mariana: i 3 Mercati o Terzisferi (America, Eurafrica, Oriente) e i 119 Catepi della Terra, Morrisville (USA): Lulu, 2022, ISBN: 978-1-4717-3776-3

Klein, Naomi
Una rivoluzione ci salverà – Perché il capitalismo non è sostenibile, traduzione di Monica Bottini, Daniele Didero, Natalia Stabilini e Leonardo Taiuti, Milano: RCS Libri S.p.A., 2015, ISBN: 978-88-17-07927-3

Klein, Naomi
Il Mondo in fiamme – Contro il Capitalismo per salvare il clima, traduzione di Giancarlo Carlotti, Trebaseleghe (PD): Giangiacomo Feltrinelli Editore Milano, 2019, ISBN: 978-88-07-17365-3

Latouche, Serge
La decrescita prima della decrescita – Precursori e compagni di strada, traduzione di Fabrizio Grillenzoni, Torino: Bollati Boringhieri editore, 2016, ISBN: 978-88-339-2803-6

Latouche, Serge
La scommessa della decrescita, traduzione di Matteo Schianchi, Milano: Giangiacomo Feltrinelli Editore Milano, 2009, ISBN: 978-88-07-17136-9

Laviano Saggese, Francesco
Lex – Lexikon 2000 – Costituzione Repubblicana, Napoli: Edizione Simone, 2000, ISBN: 978-88-244-1684-9

Marazziti Mario e Andrea Riccardi
Eurafrica – Quello che non si dice sull'immigrazione. Quello che si potrebbe dire sull'Europa., Collana "I libri di Sant'Egidio", Como: Leonardo International, 2004, ISBN: 978-88-888828-19-0

Masi, Diego
Eurafrica – L'Europa può salvarsi, salvando l'Africa?, Milano: Fausto Lupetti Editore, 2020, ISBN: 978-8868742881

Moro, Tommaso
L'Utopia – o la migliore forma di repubblica, traduzione, introduzione e cura di Tommaso Fiore, Bari: Gius. Laterza & Figli Spa, 1993, ISBN: 978-88-420-4196-2

Sitografia

- www.wikipedia.org (in particolare edizioni italiana ed inglese)
- http://d-maps.com

Lightning Source UK Ltd.
Milton Keynes UK
UKHW050750211122
412560UK00007B/34